종교개혁과 여성

박상봉

합신 포켓북 시리즈 05
종교개혁과 여성

초판 1쇄 2018년 9월 28일

발 행 인 정창균
지 은 이 박상봉
펴 낸 곳 합동신학대학원출판부
주　　소 16517 수원시 영통구 광교중앙로 50 (원천동)
전　　화 (031)217-0629
팩　　스 (031)212-6204
홈페이지 www.hapdong.ac.kr
출판등록번호 제22-1-2호
인 쇄 처 예원프린팅 (031)902-6550
총　　판 (주)기독교출판유통 (031)906-9191

ISBN 978-89-97244-56-0
값 7,000원

「이 도서의 국립중앙도서관 출판예정도서목록(CIP)은 서지정보유통지원시스템 홈페이지(http://seoji.nl.go.kr)와 국가자료종합목록시스템(http://www.nl.go.kr/kolisnet)에서 이용하실 수 있습니다. (CIP제어번호 : CIP2018030006)」

종교개혁과 여성

박상봉

합신대학원출판부

발간사

우리는 정통개신교신자들입니다. 정통개신교는 명실공히 종교개혁신학의 가르침과 전통에 서 있습니다. 그러나 우리의 신학은 단순히 개혁자들의 가르침들을 재진술하는 정도에 머물러서는 안됩니다. 전문신학자들의 사변적 논의와 신학교 강의실에만 갇혀있어서도 안됩니다. 그것은 평범한 신자들이 알아들을 수 있는 말로 현장의 그들에게 전달되어야 합니다. 그리고 그들이 현장에서 늘 경험하는 현실의 문제들을 말해주어야 합니다. 다른 말로 하면, 우리의 신학은 오늘의 현장에서 작동하는 것이어야 합니다. 이것은 개혁신학을 탐구하는 신학도들이 걸머져야 할 중요한 책임입니다. 우리는 "신학의 현장화"라는 말로 이것을 요약해왔습니다.

"합신 포켓북 시리즈"는 이러한 노력의 일환으로 합신이 펼치는 하나의 시도입니다. 현장에서 신앙인들이 직면하는 특정의 문제, 혹은 신학이나 성경의 주제를 이해하기 쉬운 일상의 말로 풀어서 분량이 많지 않은 소책자의 형식에 담았습니다. 모든 신앙인들이 관심 있는 특정의 주제를 부담 없이 접하고 어려움 없이 이해하여 현장의 삶에 유익을 얻도록 안내하려는 것이 이 시리즈의 목적입니다. 이 시리즈의 책들을 교회에서 독서클럽의 교재로 사용할 수도 있습니다. 담임목회자들은 교회의 특별집회의 주제로 이 책을 선정하여 성도들이 이 책을 읽고 집회에 참여하도록 할 수도 있습니다.

현장에서 작동하는 신학이 되어야 한다는 신념으로 합신의 교수들이 정성을 들여 펼쳐내는 "합신 포켓북 시리즈"가 이 나라 교회현장의 신앙인들에게 이곳저곳에서 큰 유익을 끼치게 되기를 기대합니다.

합동신학대학원대학교
총장 정 창 균

서문

마틴 루터(Martin Luther), 울리히 쯔빙글리(Ulich Zwingli), 요한 칼빈(Johan Calvin), 마틴 부처(Martin Butzer), 요한 외콜람파디(Johan Oecolampad), 볼프강 카피토(Wolfgang Capito), 하인리히 불링거(Heinrich Bullinger) 등은 우리에게 익숙한 이름들이다. 16세기 종교개혁을 이끌었던 주역들이기 때문이다. 하지만 종교개혁자들과 동시대를 살았을 뿐만 아니라, 또한 종교개혁을 위해 헌신한 삶을 살았음에도 불구하고 우리에게 매우 낯선 이름들이 있다: 제인 그레이(Jane Gray), 잔 달브레(Jeanne D'Albret)[1], 아굴라 폰 그룸바흐(Argula von Grumbach), 카탈리나 슈츠 첼(Katharina Schütz Zell), 카타리나 보라(Katharina Bora), 안나 라인하르트(Anna Reinhart), 이들레트 드 브레(Idelette de Bure), 비브란디스 로젠블랏(Wibrandis Rosenblatt), 안나 아들리슈빌러(Anna Adlischwyler) 등. 그 밖에 여기에서 밝히지 않는 수많은 이름들이 있다. 이들 모두의 공통점은 여성이라는 점이다. 남성들의 배후에서 그림자처럼 존재하면서 종교개혁을

잔 달브레(출처: 위키백과)

옹호하고, 그 개혁된 신앙을 위해 당시 시대를 거스리는 삶을 선택했던 인물들이다. 그녀들은 자신들의 방식으로 주님의 교회를 위해 기꺼이 고난을 감수하며 살았다. 그 시대의 딸들로서 감당해야 했던 삶의 거대한 무게를 거부하지 않은 것이다.

최근에 종교개혁을 더욱 풍성하고 균형적으로 이해하기 위한 다양한 주제들이 연구되고 있다. 특별히, 종교개혁자들을 지지하는 여성들의 활동과 헌신적인 내조가 있었다는 것이 새롭게 밝혀지고 있는 중이다. 종교개혁이 유럽 전역으로 확산될 때, 그 시간과 공간을 채우고 있었던 사람들이 새로운 변화에 빠르게 적응할 수 있도록 다양한 영역에서 많은 여성들이 중대한 역할을 했다.

　이 글은 한국 교회에 거의 소개되지 않은 종교개혁 당시의 여성들을 알리는데 목적이 있다. 물론, 매우 단편적인 내용만을 다룬다. 종교개혁이 여성의 삶에 어떤 변화를 주었는지, 그것을 위해 헌신했던 여성들은 어떤 삶을 살았는지를 몇몇 여성들의 경우를 들어 조명하려는 것이다. 다음 세 가지 주제로 엮어 살핀다. 먼저, 중세 후기(1250-1500) 여성의 삶에 주목한다. 종교개혁 이전 여성의 활동과 지위를 이해하기 위함이다. 로마 카톨릭 교회의 굴레 아래 놓여 있었던 여성의 삶이 어떠했는가를 확인할 수 있다. 특별히, 이 장에서 중세 후기의 여성과 비교를 위해 종교개혁 당시 배움을 가진 대표적인 여성으로서 아굴라 폰 그룸바흐와 카타리나 슈츠 첼을 매우 짧게 조망해 볼 것이다. 다음으로, 종교개혁이 여성과 가정생활에 어떤 영향을 주었는가에 대해 관심을 가진다. 그 실제적인 이해를 위해서 부처와 불링거가 알려주는 '기독교 가정생활'이 핵심적으로 제시될 것이다. 끝으로, 종교개혁 당시 남성들의 그늘 아래서 빛도 없이 헌신했던 순수하지만 강인한 삶을 살았던 여성들을 소개한다. 종교개혁과 관련된 모든 여성들을 다루는 것은 불가능하다. 대표적으로 다섯 명의 여성들을 떠올린다. 모두 종교개혁자들의 아내들이다: 루터의 아내 '카티리나 보라', 쯔빙글리의 아내 '안나 라인하르트', 칼빈의 아내 '이들레트 드 브레', 네 명의 남편 중에서 세 명의 종교개혁자들을 남편으로 인연을 맺은 '비블란디스 로젠블랏' 그리고 불링거의 아내 '안나 아들리슈빌러'. 종교개혁이 남자들만의 역사가 아니라 여성들의 역사이기도 하다는 사실을 그려줄 것이다. 이 책이 오늘날에도 교회와 가정에서 이름도 없이 헌신적으로 살아가고 있는 모든 여성 신자들과 목회자의 아내들에게 바치는 위로적인 헌사가 되었으면 한다.

합동신학대학원대학교 포켓북 시리즈에 "종교개혁

과 여성"이라는 주제가 포함된 것은 한국 교회와 합신 교단에 매우 의미가 있다. 주님의 몸된 교회를 섬기고 있는 모든 여성들을 향한 감사와 격려를 담고 있기 때문이다. 이 열매는 정창균 총장님의 의지 속에서 이루어진 일이다. 2018년 목회대학원 하계강좌에서 발표된 논문을 좀더 쉬운 문장으로 바꾸고 내용을 확대하여 출판할 수 있도록 독려해 주셨다. 이 책을 읽는 동안 혹시 필자가 언급한 특정 항목에 대하여 더 깊은 연구를 하고 싶어질 독자들을 위하여 이 책에서 참고한 문헌들을 책의 말미에 밝혀놓았다. 이 포켓북이 나올 수 있도록 도움을 주신 모든 분들에게 감사드린다.

CONTENTS

서문 ··· 06

1. 중세 후기 여성의 삶 ··· 13
2. 종교개혁과 여성 ··· 33
3. 종교개혁자들이 말하는 결혼생활 ··· 43
　1) 마틴 부처 ··· 45
　2) 하인리히 불링거 ··· 50
4. 종교개혁자들의 아내 ··· 57
　1) 카타리나 보라 ··· 59
　2) 안나 라인하르트 ··· 66
　3) 이들레트 드 브레 ··· 72
　4) 비브란디스 로젠블랏 ··· 77
　5) 안나 아드리슈빌러 ··· 81

정리하며 ··· 90

1
중세 후기 여성의 삶

중세의 전통 속에서 여성의 삶²은 어떤 풍경이었을까? "여성은 남성을 위해 창조되었기 때문에 여성은 남성에게 절대 순종해야 한다"는 강한 인식 아래 놓여 있었다. 하와의 범죄에 대한 굴레 아래서 남성의 소유물이라는 운명도 결코 비켜갈 수 없었다. 하와가 아담의 머리나 심장이 아닌 갈비뼈로 창조되었기 때문에 여성은 남성보다 열등하고, 하와가 아담보다 먼저 사단의 유혹에 빠져 타락을 했기 때문에 여성은 항상 잠재적인 죄인으로서 남성의 지배 아래 머물러 있어야 한다고 농락되었던 것이다. 그래서 여성은 겸손과 순종을 배우기 위해 어려서는 아버지에게 또 결혼 이후에는 남편에게 통제를 받았다. 삶의 모든 공간 속에서 육체적이고 정신적으로 남성에게 예속되어 있었다.

중세 후기에 결혼[3]은 일반적으로 거의 동일한 신분 계층 안에서 이루어졌다. 대부분의 여성은 12살에서 16살 사이에 결혼을 했는데 신랑과 나이 차이가 매우 컸다. 만약, 신분이 높은 여성이 신분이 낮은 남성과 결혼을 했을 경우에 그녀의 신분은 남편의 신분으로 귀속되었다. 특히 왕가나 귀족 가문에서 결혼은 가문과 가문 사이의 결합을 통해서 힘을 유지하거나 혹은 신분상승을 위해 정략적으로 이용되었다. 남녀 간의 사랑으로 맺어진 것이 아니라 엄밀히 말하면 정치적으로 맺어진 '결혼동맹'이었다. 그래서 '결혼장사'라는 표현이 자연스러웠다. 여성은 가문의 이익을 얻게 하는 쪽으로 늘 팔려나갔다. 결혼할 여성은 신랑에 대한 개인적인 선택권을 가질 수 없었기 때문이다. 한 대표적인 실례로, 신성로마제국의 황제 막시밀리안 1세(Maximilan I, 1459-1519)의 딸 오스트리아 마가레테(Margarete d'Austria)은 영토를 넓히기 위한 정략 때문에 3살 때 프랑스 왕국의 열세 살 왕자 루이 11세(Louis XI, 1423-1483)의 아들 샤를 8세(Charles VIII)와 결혼을 해야 했다. 심지어, 이 결혼장사는 아직 태어나지도 않는 뱃속 아기인 경우에도 해당되었다. 아이가 태어나기 전에 부모들이 미리 사돈을 맺는 것이다. 신성로마제국의 황제 카를 5세(Carl V)의 동생 마리아는 한 살 때 혼약이 정해졌지만 신랑은 아직 태어나지도 않은 상태였다. 일년이 지나서 신랑이 태어났는데 헝가리 왕이 된 러요시 2세(Lajos II)이다.[4] 결혼에 대한 정략적인 조건만 충족되면 신랑과 신부의 나이 차이는 그렇게 중요하지 않았던 것이다. 다른 나라에 있는 가문끼리 맺어지면 신랑과 신부가 사용하는 언어도 달랐다. 서로의 대화를 위해 통역사가 필요할 정도였다. 결혼 전날까지 신랑과 신부는 서로의 얼굴을 보지 못하는 경우도 많았다. 결혼을 통해 집안끼리 연결되면 전쟁을 막을 수도 있고, 영토를 보호하거나 확장할 수도 있는 정략이 더 중요했기 때문에 부수적으로 따르는 불편함은 문제될 수 없었다.[5]

여성의 성(性)은 자신의 고유한 소유가 될 수 없었다. 남편의 성적인 욕구를 채워주고, 자녀를 생산하는 것과 결속되어 있었다. 자손을 낳는 일은 여성이 감당해야 할 절대적인 의무에 속했다. 이 때문에 왕가나 귀족 여성들은 신랑측의 요구로 결혼 전에 자녀를 잘 낳을 수 있는지 건강검진을 받기도 했다. 중세 시대의 자손에 대한 염원은 남자가 생식능력이 없는 경우에 자신의 부인을 '결혼을 도와주는 남자'에게 보내는 것도 자연스럽게 여기도록 만들었다. 특별히, 중세 후기에 자녀 출산의 중요성과 관련하여 지금까지도 독일 뵌니그하임(Bönnigheim)의 시리아쿠스 교회(Cyriakuskirche)에서 기념되고 있는 한 여인이 있다. 그 도시에서 살았던 바르바라 스트라츠만(Barbara Stratzmann, 1448-1503)이다. 그녀는 55년 동안 살면서 29번 출산하여 53명의 자녀를 가진 것으로 알려져 있다: 18번은 1명, 5번은 쌍둥이, 4번은 세 쌍둥이, 1번은 여섯 쌍둥이 그리고 마지막 1번은 일곱 쌍둥이를 낳았다고 한다. 의학적으로 의심을 하는 사람들이 많지만, 그 당시에 기록된 여러 공문서가 그녀의 출산이 사실임을 증명해 주고 있다.[6] 중세 후기에도 아기를 낳는 것은 쉽지 않았다. 출산 도중에 많은 아이들이 죽었다. 그래서 로마 카톨릭 교회는 구원과 관련된 성례의 특성 때문에 산파에게 유아 세례를 주는 것을 임시적으로 허용하기도 했다.

바르바라 스트라츠만 기념그림(출처: 위키백과)

부부의 이혼사유로는 일반적으로 간음, 남성의 성불능, 3년 이상 불임, 여성의 알콜중독, 여성 재산에 대한 남성의 낭비, 나병, 이단적인 성향 등이 속했다. 이혼을 하면 여성은 자신의 물품이나 재산을 취할 수 있었다. 가업을 가진 도시 여성의 경우에는 그 가업도 유지할 수 있었다. 하지만 역사적으로 12세기 말부터 일반 사람들이 이혼하는 것은 결코 쉽지 않았다. 결혼이 1184년에 로마 카톨릭 교회의 7성례로 규정되었기 때문이다. 물론, 왕족과 귀족은 정치적인 이유로 결혼하고 이혼하는 것이 훨씬 자유스러웠다. 평계 될 수 있는 구실만 있으면 언제나 이혼할 수 있었다. 교회법과 관련하여 이혼을 정당화할 수 있는 표면적인 이유만 댈 수 있으면 아무런 문제가 없었다. 한 실례로, 당시 법적으로 근친간의 결혼이 금지되어 있는 것과 관련하여 프랑스 왕 필리프 2세(Philipp August, 1165-1223)는 이혼하기 위해 다음과 같은 구실을 내세웠다: "결혼할 때는 몰랐는데, 지금 알아보니까 부인은 나와 너무 가까운 친척이더라." 몇 년 후에 필립프 2세는 가까운 친척과 다시 결혼했다.[7]

중세 후기에 여성의 직업적인 선택은 어떠했을까? 신분의 계층에 따라서 큰 차이가 있었다: 먼저, 귀족여성은 직접적인 선택에 있어서 수녀원으로 가거나, 궁중(영주)의 시녀가 되거나 혹은 궁중의 다른 봉사자로 살 수 있었다. 특히 교회는 수녀원 재정에 큰 기여를 할 수 있는 돈이 많은 귀족여성을 수녀로 유인하는데 심혈을 기울렸다. 다음으로, 도시 여성은 수공업 기술을 가질 수 있었으며, 술집종업원, 사환, 상인 등으로 일할 수 있었다. 당시 여성들 중에 극히 일부는 작가, 미술가, 산파, 의사 등으로 활동하기도 했다. 한 직접적인 실례로, 조금 이른 시기의 인물이기는 하지만 단편 문학을 대표하는 '브레톤 레이'(Breton Lais)라는 장르는 만들어낸 마리 드 프랑스(Marie de Franch, 1160-1215)를 떠올릴 수 있다.[8] 마지막으로, 농촌 여성은 농사와 관련된 일들 이외에 거의 아무런 선택의 여지가 없었다. 농번기철에 하루 평균 14시간 정도를 일해야 했다. 무지와 종교적인 미신 속에서 매우 제한적인 삶을 살았다. 당시 신분의 여하를 막론하고 여성의 자유로운 삶은 오직 집안과 운명처럼 의무지어진 일터에만 국한되어 있었다. 신분이나 혹은 실력에서 아무리 탁월한 여성이라도 해도 거의 대부분은 배움을 위한 학문의 영역과 모든 공적인 직무로부터는 제외되었다.

교육적인 면에서도 남성과 여성 사이에 큰 차이가 있었을 뿐만 아니라, 또한 귀족, 도시 그리고 농촌 여성 사이에도 큰 차이가 있었다. 농촌 여성에게 교육의 기회는 전혀 주어지지 않았다. 그곳 사람들은 오직 생존을 위해서 하루를 살아야 했기 때문이다. 교회 안에서 설교를 듣는 것이 최고의 배움이었지만, 그러나 중세 후기의 농촌 교회에서는 그 마저도 사치였다. 귀족 여성은 자수, 뜨개질, 승마, 체스, 춤, 시 등을 배웠고, 기사들의 무술시합 때 의무적으로 배석해야 해야 했다. 그 밖에 귀족 여성이 신앙교육 및 읽고 쓰는 교육을 받았지만, 그 교육적인 활용은 크게 중요하지 않았다. 14세기 이래로 기록문화가 발달하면서 여성 교육에 대한 관심이 조금씩 높아지면서 귀족 여성이 학문에 관심을 두는 경우는 드물게 발생했다. 하지만 그 관심도 결혼 이후에는 남편의 요구에 따라서 중지되어야 했다. 실제로, 귀족 여성보다도 더 자유롭고 더 많은 기회를 가진 계층은 도시 여성이었다. 도시 여성은 직업 교육을 받을 수 있었고, 이를 통해서 스스로 경제활동에 참여할 수 있었다. 수공업과 상공업 분야의 다양한 직업을 가질 수 있었던 것이다. 부모의 관심과 경제적 능력에 따라 여자 아이도 모국어로 공부하는 수녀원 학교를 다닐 수 있었지만, 귀족 여성과 마찬가지로 전문교육을 받는 라틴어 학교나 대학교에는 들어갈 수 없었다.

결과적으로, 14세기 이래로 도시의 발전과 시민의

식의 성장 속에서 한편으로 경제적이고, 직업적이고 그리고 사회적인 면에서 여성의 독립성이 강화되었지만, 그러나 다른 한편에서 여성의 독립성은 남성의 적대성을 크게 부축인 것도 무시할 수 없는 사실이었다. 정부가 폭력을 행사하는 피해자들에 대해 엄격한 판결을 내렸음에도 불구하고, 성적인 것을 포함한 남성의 다양한 물리적인 억압은 많은 여성들에게 현실적인 문제로 등장했다. 남성의 폭력 앞에서 여성은 늘 불리한 입장에서 피해자의 삶을 살 수 밖에 없었다.[9] 이러한 여성의 지위는 교회 안팎의 익숙한 풍경이었으며, 당연히 여성의 일상적인 삶은 일반적으로 매우 고단했다.

하지만 16세기 초에 종교개혁이 시작 되면서 여성은 분명히 새로운 시각 속에서 이해되었다. 새로운 신학은 창조, 타락 그리고 구속이라는 틀 속에서 여성의 본래적 지위를 회복하는데 이론적으로만 아니라 현실적으로도 기여했다. 종교개혁자들이 가정생활에 관한 신학사상을 발전시킴으로서 가정과 교회에서 여성의 인식을 새롭게 한 것이다. 한 실례로, 루터는 이렇게 밝혔다:

"남편과 아내 사이에는 '나'와 '너'의 문제가 없습니다.
두 사람은 모든 것을 공유해야 하며, 구분이나 차별이
없어야 합니다."[10]

당시 사회에서도 종교개혁자들의 제안에 근거하여 설립된 가정법원(Ehegericht)은 법적인 평등성에 있어서도 여성의 권리를 신장시키는데 큰 기여를 했다.[11] 경제적인 면에서도 여성은 상공업과 수공업 분야에서 남성과 동등한 권리를 가질 수 있었다. 부부 혹은 가족 경영이라는 구조 속에서 여성의 역할이 증대되었다.[12]

특별히, 인문주의적 학문의 토양 속에서 배움이 있는 여성 배후자에 대해 '박사 아내(uxor docta)'라는 여성의 새로운 가치가 강조되기도 했다.[13] 그 실례로, 종교개혁 영역에서 대표적인 여성들로 1523년 독일 잉골스타트(Ingolstadt) 대학교에서 종교개혁 신앙을 받아들인 아르사시우스 제호퍼(Arsacius Seehofer)라는 학생에 대한 로마 카톨릭 교회의 종교재판 때 유일하게 공개적으로 변호를 해준 아굴라 폰 그룸바흐(Argula von Grumbach, 1490-1564)[14]와 "교회의 어머니"라는 별명을 가지고 목회자들과 성도들의 위로자로 살았던 카탈리나 슈츠 첼(Katharina Schütz Zell, 1498-1562)[15]을 생각할 수 있다:

그룸바흐 폰 그룸바흐 메달(출처: 위키백과)

먼저, 아굴라는 독일의 명문가였던 슈타우프(Stauff) 귀족가문에 속한 여성이었다. 그녀는 신앙과 교양을 겸비한 부모 아래서 개인적으로 좋은 교육을 받았다. 하지만 그녀의 부모는 흑사병으로 이른 나이에 목숨을 잃었다. 청소년기에 그룸바흐는 뮌헨(Münschen) 궁정에서 시녀로 섬기면서 루터의 영적인 아버지 요한 폰 슈타우피츠(Johann von Staupitz)와 교류하게 되었다. 이 계기를 통해서 결과적으로 종교개혁에 관심을 갖게 된 것이다. 아굴라의 결혼 생활은 그녀의 똑똑함 때문에 힘들어하는 남편과의 불화로 순탄치 않았지만, 그녀는 네 자녀의 어머니로서 매우 헌신된 삶을 살았다.

종교개혁이 시작된 이래로 아굴라는 루터를 비롯한 다양한 비텐베르크 신학자들과 교류를 했을 뿐만 아니라, 또한 뷔르츠부르그(Würzburg)와 뉘른베르그(Nürnberg) 지역에서 활동하는 개혁적인 활동가들과 깊은 친분을 나누었다. 그녀는 루터의 저술들을 열심히 읽는 독자였다. 다양한 독서를 통해 종교개혁 사상에 대한 깊은 이해를 갖게 되었다. 하지만 그녀는 맹목적으로 루터의 종교개혁을 받아들이지는 않았다. 하나님의 말씀 앞에 그녀 자신을 객관적으로 세울 수 있는 균형감을 지니고 있었다:

"나는 루터의 추종자로 불렸으나, 나는 그의 추종자가 아닙니다. 나는 그리스도의 이름으로 세례를 받았으며, 내가 신앙을 고백하는 대상은 그분이지 루터가 아니기 때문입니다. 하지만 나는 마틴 루터도 신실한 그리스도인으로서 그분에 대한 신앙을 고백한다는 것을 잘 알고 있습니다."[16]

아굴라는 깊게 고민했고, 신중하게 받아드렸으며, 종교개혁 신앙에 대한 분명한 확신이 생겨났을 때 여성 종교개혁자가 되었다. 많은 어려움에 처하게 되었지만 "목숨과 사지까지도" 잃을 각오를 가지고 바른 진리를 위해 헌신했다. 독일어를 아는 모든 사람들이 쉽게 읽을 수 있는 종교개혁에 관한 짧은 글들을 써서 널리 보급했다. 아굴라는 루터와 서신을 통해 지속적으로 관계를 맺었다. 1530년 아우그스부르크(Augsburg) 제국회의를 앞두고 성만찬에 대한 자신의 의견을 제시하기 위해 직접 만나기도 했다.

앞서 짧게 밝힌 대로, 그룸바흐는 1523년 18살의 아르사시우스가 이단으로 정죄되었을 때 가장 먼저 공개적으로 변호했다. 잉골스타트 대학교, 담당 주교, 정부기관에 이 사안에 대한 부당함을 알리면서 무죄를 주장했다. 그녀는 신앙의 양심에 따라서 불의를 참지 않은 것이다. 당시 시대적인 상황에서 목숨을 건 싸움을 했다. 이러한 용기에 루터를 포함하여 많은 사람들이 찬사를 보냈다. 그녀가 이때 공개적으로 쓴 다양한 논쟁적인 글들은 출판되어 널리 보급되었다. 하지만 여러 후유증도 남았다. 대표적으로, 이 사건 때문에 그녀의 남편이 공직에서 물러나게 되었고, 부부 사이에 큰 갈등으로 작용했다.

그룸바흐는 평생 여성으로서 신분의 한계를 늘 느끼며 살아야 했다. 당시 사회의 여성에 대한 편견은 오랫동안 동지로서 교류했던 남성들도 때로 그녀의 '여성스럽지 않는(?)' 행동을 불편해 했기 때문이다. 한때 적극적으로 지지했던 루터도 그룸바흐의 성향을 위험스럽게 본 것이 사실이다. 종교개혁을 지지하는 것은 인정했지만, 성경을 해석하고 가르치는 일에 대해서는 경계했다.[17] 그럼에도 불구하고 그룸바흐는 루터가 선언했던 만인제사장의 원리를 가장 실천적으로 행동에 옮긴 인물이었다. 그녀는 자신의 방식으로 어떤 여성도 가보지 못한 길을 개척한 것이다. 늘 이방인처럼 외로움 속에서 홀로 자신의 길을 걸을 수밖에 없었지만, 그러나 당시에 어떤 여성도 누려보지 못한 가장 자유로운 삶을 살았다. 신앙의 자유를 온 몸으로 실천한 것이다. 그룸바흐는 1530년 후반 이래로 활동을 자제했다. 남아있는 생애 동안 같은 생각을 가진 사람들과 사적으로 교류하며 조용히 지냈다. 그래서 그녀가 정확히 언제 또 어떻게 죽었는지는 확인되지 않는다.

다음으로, 카타리나는 1498년 스트라스부르크에서 부유한 수업공의 딸로 태어났다. 라틴어를 배울 수는 없었지만 모국어인 독일어로 좋은 교육을 받았다. 그녀는 열살이 되던 해 '교회의 어머니'가 되겠다고 하나님께 서원한 것으로 알려져 있다. 1522년에 카타리나는 처음 루터의 신약성경과 다른 저작들을 읽고 종교개혁에 입문했다. 당시 독일어권의 거의 모든 종교개혁자들과 교류했으며, 여성으로서 많은 저술들을 썼다. 1530년에 후반에 들어서는 칼빈도 서신교류의 대상이었다. 앞서 소개된 그룸바흐와 교류한 것으로 알려져 있으며, 그녀처럼 많은 일반 신자들을 위해 종교개혁 사상을 공적으로 알린 인물이었다.

카타리나는 스트라스부르그 종교개혁자인 마테우스 첼(Mathäus Zell)의 아내였다. 두 사람의 결혼은 스트라스부르크에서 특별한 관심을 끌었다. 종교개혁을 받아들인 사제의 첫번째 결혼이었기 때문이다. 카타

리나는 자신의 결혼과 관련하여 다음과 같은 기록을 남겼다:

> "나는 하나님의 도우심 속에서 스트라스부르그에서 사제와 첫 번째로 결혼한 여성이 되었습니다. … 성직자들 사이에 만연된 성적인 타락을 목격했기 때문에 모든 신자들을 위한 한 바른 길을 지지하고 제시하려는 의도 속에서 사제와 결혼을 한 것입니다. … 많은 사람들이 나의 결혼에 매우 놀랐습니다."[18]

카타리나의 결혼생활은 신학적인 발전과 인격적인 성숙을 위한 토양을 제공해 주었다. 자신을 신뢰해 주는 남편과 더불어 다양한 저술들을 통해서뿐만 아니라, 또한 많은 종교개혁자들과 교류하며 신학적인 의문점을 채워나갔다. 그녀는 남편의 죽음 이후에도 이러한 적극적인 삶의 자세를 포기하지 않았다. 끊임 없이 배우고, 지속적인 교류를 시도했으며, 결국 많은 사람들에게 목회적인 돌봄과 신학적인 조언을 제공하는 자리에까지 이르렀다. 다양한 신학적인 주제로 논쟁하며 글을 쓰기도 했다. 때로 교회의 규율을 어기며 사람들 앞에서 설교를 하기도 했다. 카타리나는 어렸을 때 서원했던 진정한 '교회의 어머니'가 되었다.

카타리나 슈츠 첼 사인(출처: 위키백과)

  물론, 카탈리나의 삶은 그렇게 평탄하지는 않았다. 두 자녀를 어려서 잃었다. 1548년에 남편도 영원한 안식에 들어갔다. 평생 동지이자 협력자였던 남편이 죽자 그녀는 비탄에 잠겼다. 이전에 보였던 기쁨과 생기발랄함은 사라져버렸다. 그 슬픔은 평생 지속되었다. 그녀가 종교개혁의 이상을 이루기 위해 적극적으로 실천했던 이유 중에 한 가지는 이러한 상실감을 극복하는데 도움이 되었기 때문이다. 물론, 남편의 죽음 이후에 카타리나의 활동은 많은 제약이 따랐다. 경제적으로 힘들어졌고, 그녀의 활동에 대한 반대가 거세졌다. 하지만 그녀는 자신의 길을 걸었다. 종교개혁을 옹호하는 일에 헌신했으며, 죽는 날까지 연약한 사람들을 돌보는 일을 그치지 않았다. 카탈리나는 어떤 상황 속에서도 침묵하지 않았다. 하나님의 말씀에 근거하여 옳은 것을 위해 권리를 주장하고, 정의를 위해 싸우며 그리고 도움이 필요한 사람들을 위로했다.

아굴라보다도 덜 제약된 삶을 살았지만, 카타리나도 그 시대의 한계를 늘 절감하며 살아야 했다. 여성이었기 때문이다. 여성으로서 특별한 담대함을 보여준 카타리나는 자신이 옳다고 여기는 것을 행동으로 드러낸 것에 주저하지 않았다. 종교개혁을 위한 헌신, 목회적인 돌봄, 저술활동, 서신교환, 설교 등의 활동은 그녀의 적극적인 성향을 보여준다. 당시에 어느 누구도 부여하지 않은 지위를 스스로 만들어내고 교회를 섬기는데 활용한 것이다. 그녀는, 비록 연약한 여성이었지만, 자신의 소명을 위해 하나님의 자녀로서 권리를 분명하게 주장하며 살아갔다. 카타리나는 1562년에 스트라스부르크 교회 묘지에 묻혔다.

두 여성은 종교개혁 시대에 가장 치열하고, 빛나게 살았던 인물들이었다. 당시 여성에 대한 인식을 전혀 다른 시각에서 보게 했던 여성의 선구자들이라고 할 수 있다.

특별히, 이러한 면에서 볼 때 종교개혁은 아직 여러 면에서 지속적으로 극복되어야 할 수많은 시대적 인식과 현실적 과제가 눈 앞에 놓여 있었음에도 불구하고 이전 시대와 확연히 구별되었다. 근대 여성과 가정에 대한 새로운 이론적 토대와 실천을 제공했다고 볼 수 있다.

2 종교개혁과 여성

루터의 『탁상담화』를 보면 로마 카톨릭 교회의 독신에 대한 폐해와 관련하여 매우 충격적인 내용이 기록되어 있다. 중세 초기 교황 그레고리우스(Gregorius)가 로마에 있는 한 수녀원 양어장을 청소하게 했을 때, 그곳에서 수천 개나 되는 영아들의 유골이 발견되었다는 이야기뿐만 아니라, 또한 종교개혁 당시 오스트리아 한 수녀원에서 건물을 증축하고자 터를 팠을 때 발견된 12개의 커다란 단지들 안에서 수 많은 영아들의 시체가 들어 있었다는 것이 확인된다.[19] 루터는 남녀 성직자들의 결혼금지가 얼마나 끔직한 사건들을 일으킬 수 있는가를 역설한 것이다. 당시 로마 카톨릭 교회의 성적 타락에 대한 심각성을 알려주고 있다.

16세기 초에 사법적으로나 천국의 법률에 대해서도 처벌을 면할 수 있는 면죄부는 모든 죄들을 사면할 수 있는 강력한 권한을 가진 교회증서였다. 1517년 4월에 비텐베르크 인근 도시에서 면죄부 판매 때 선포했던 요한 테첼(Johann Tetzel)의 설교를 참고할 수 있다:

> "어떤 사람이 거룩한 거룩한 동정녀 마리아, 즉 신의 어머니를 능욕하거나 임신시켰을지라도, 그는 교황으로부터 은총과 권한을 얻었으므로, 그가 돈궤에 합당한 금전을 넣는 순간에 그 죄를 용서받을 수 있다. 그리고 교황의 문장이 붙은 면죄부의 붉은 십자가는 그리스도의 십자가만큼 능력이 있다. … 그(교황)는 천국에서 성베드로와 비교될 수 없을 것인데, 왜냐하면 베드로가 설교로 행한 것보다도 많은 영혼을 면죄부로 속량했기 때문이다. … 어떤 사람이 연옥에 있는 어떤 영혼을 위해서 돈을 돈궤에 넣으면, 그 동전이 바닥에 떨어져 딸랑거리자마자 그 영혼은 하늘로 오

를 것이다."[20]

 이 면죄부는 일반 사람들뿐만 아니라 사제들에게도 인간의 모든 욕구를 표출할 수 있는 기회를 만들어 주었다. 로마 카톨릭 교회라는 상점이 발행한 면죄부의 정가표만 해도 몇 장의 지면을 가득 채웠다. 돈을 긁어낼 수 있는 행위라면 어떤 것도 가리지 않았는데, 한 사건에 대한 윤리적 기준의 정도에 따라서 다른 가격이 매겨지기도 했다. 한 실례로, 어떤 사람이 다른 사람의 부인이나 딸에게 성범죄를 저지른 경우에 그 피해자 여성이 교회에 가는 중에 당한 것과 오는 중에 당한 것에 대한 면죄부의 가격 차이가 달랐다. 교회를 가는 중에 저질러진 것 보다는 오는 중에 저질러진 것이 훨씬 비쌌다. 왜냐하면 교회에서 돌아오는 여성은 그녀의 죄악이 이미 깨끗이 씻겨졌음으로 그만큼의 댓가를 더 지불해야 했기 때문이다.[21]

 특별히, 이 면죄부로 인하여 사제들의 성적인 타락은 극에 달했다. 당시 이탈리아 화폐로 6그로소(Grosso) – 오늘날의 독일 화폐로 환산하면 20유로(Euro) 정도 되는 면죄부만 구입하면 어떤 처벌도 없이 교회나 수도원 안에서 어떤 여성과도 잠자리를 할 수 있었다. 이와 함께 사제들의 성적방종을 노골화시킨 축첩행위는 면죄부 판매에 대한 새로운 수입원으로 공공연하게 인정되었다. 이 때문에 당시 사람들에게 유행했던 속담 중에 하나는 다음과 같았다: "로마에서는 돈만 있으면 죄가 안 되고, 돈이 없으면 죄가 된다."

중세 초기부터 늘 문제가 되었던 사제들의 성적타락 원인은 의심의 여지없이 강제적 독신제도에 대한 육체의 본성적 저항과 맞물려 있다. 처음 로마 카톨릭 교회가 독신제도를 교회를 위한 거룩한 헌신과 관련된 목적 속에서 도입했을지라도, 중세 중기에 들어서면서 그 목적은, 매우 역설적으로 생각될 수 있지만, 거의 경제적인 의미로만 남게 되었다. 즉, 로마 카톨릭 교회와 수도원의 재산 축척은 독신제도와 깊게 연관되어 있었다는 사실이다. 처음 거의 모든 수도원들이 청빈생활을 추구하며 출발했지만, 그러나 시간의 흐름 속에서 많은 재산을 기부하거나 물질적인 이익을 제공하는 사람들을 위한 장소로 변모했다. 한 실례로, 귀족 가문들은 많은 물질적인 기부를 하며 결혼하지 못한 딸이나 재산문제 때문에 차남을 맡길 수 있는 적합한 보호시설로 수도원을 활용했다.[22] 결과적으로, 막대한 교회재산은 교회의 권력확장에 있어서 절대적인 수단이 되었는데, 독신제도를 포기하는 것은 교회의 지배권을 포기하는 것과 같았다.[23] 이러한 현실 속에서 강제적인 독신서약은 중세 후기에 들어섰을 때 사제들로 하여금 성적타락을 더 이상 통제할 수 없을 정도로 극대화시켰다.

종교개혁이 시작된 이래로 성직자 독신제도에 나타나는 것과 같은 금욕적인 특성은 종교개혁자들과 로마 카톨릭 교회의 사제들을 구분하는 중요한 차이였다. 종교개혁자들의 결혼은 엄청난 사회적 파장을 일으킨 것이 사실이었다. 이미 독신제도가 본래 의도에서 벗어나 온 사제들이 성적방종에 빠져 있었다는 것을 알고 있었음에도 불구하고, 종교개혁의 반대자들은 종교개혁자들이 성적인 욕구를 채우기 위해서 교황에게 반기를 들었다고 비난했다.[24] 하지만 로마 카톨릭 교회 안에서 독신제도가 경건과 삶에 있어서 최우선이 되는 목적이 아니었던 것처럼, 종교개혁자들에게서도 성직자의 결혼은 개혁의 한 내용이었을 뿐이지 개혁을 위한 원인이 결코 아니었다.

종교개혁을 통하여 새롭게 정의된 결혼과 가정이라는 제도는 과거와 전혀 달리 인식된 게 사실이다. 특별히, 종교개혁자들이 결혼을 하면서 교회는 목회자의 가정생활과 관련하여 중세 천년 동안 겪어 보지 못한 도전에 직면하게 되었다: "목회자의 가정은 어떠해야 하는가?" 혹은 "신자의 가정은 어떠해야 하는가?"에 대한 질문 속에서 종교개혁자들은 신자의 가정에 대한 이상을 성경의 가르침을 토대로 이론적으로 그려줘야 했다. 그리고 실천적으로 가장 모범적인 가정을 세워야 하는 책임이 주어졌다. 이러한 점에서 종교개혁은 인류의 문화사에서 결혼생활에 대한 새롭고 중요한 장을 열었다고 할 수 있다.

종교개혁자들은 결혼과 가정을 성경의 원리에 따라서 바르게 가르쳤다. 법적인 효력을 가진 새로운 결혼생활의 규범과 관리감독 기관도 도입했다. 스스로 모범을 보임으로써 가정에 대한 새로운 개신교적 가치를 제시하는 것에 관심을 두었다.[25] 결과적으로, 종교개혁은 결혼생활에 대한 윤리적 표준과 이상을 새롭게 바꾸었다. 부부관계와 가정을 인간 본성에 근거하여 죄를 경계하면서도 창조 목적에 맞게 재정립했다.

로마 카톨릭 교회에서 이상적인 경건은 금욕적이고, 오직 천상만을 추구하는 세상 도피적이었다. 하지만 종교개혁은 천상의 가치를 현실에 끌어들여 모든 삶의 영역 속에서 하나님이 창조로부터 본래 허락하신 육체적, 가정적, 종교적 그리고 사회적 가치들을 회복하는 것이었다. 사제들은 육체, 세상과 마귀의 정욕을 마음에서 온전히 떨어버릴 수 없음을 알면서도 세상의 유혹들로부터 도피하는 것으로 세상을 이기고자 했다. 그러나 종교개혁자들은 세상에 살면서도 인간의 정욕이 창조원리와 하나님의 말씀에 근거한 위치에서 본래적인 기능으로 작동될 수 있도록 하면서 세상을 이기고자 한 것이다. 로마 카톨릭 교회의 사제들은 본성적으로 그럴 수 없었음을 알면서도, 여성을 유혹자로 보고 경계해야 할 대상으로 생각했다. 하지만 종교개혁자들은 여성을 창조하신 하나님의 뜻을 생각하며 가정과 사회를 위해 반드시 필요한 구성원으로 인식한 것이다.[26] 즉, 여성의 성향과 덕성이 남성의 연약한 부분을 보완하고 다듬어 줄 수 있음을 시인하면서 교회, 가정 그리고 사회 안에서 여성이 차지하는 위치와 누릴 수 있는 지위를 분명히 인정해 주었다.

표면적으로 볼 때, 남성 중심의 가부장적인 인식이 온전히 극복되었다고 할 수는 없겠으나, 종교개혁자들은 성경원리에 따른 여성의 권리를 회복시켜 준 것이다. 그들은 아내들을 가정과 교회사역의 합법적인 동역자로 인정했으며, 최우선에 있어서 특별소명에 따른 교회적 직무에 집중했으지라도 결코 가정과 분리된 채 자신들의 사역을 감당하지 않았음을 기억해야 한다. 한 실례로, 루터의 동료이자 당대 '독일의 선생'으로 불릴 정도로 명성이 자자했던 신학자 필립 멜란히톤(Phillip Melanchthon)은, 사제가 되기 전에 로마 카톨릭 교회의 서약을 범하지는 않았지만, 개신교 목사가 된 이후에 집에서는 아이의 요람을 밀어주면서 책을 읽었다고 그의 동료에게서 증언되었다.[27] 그 당시에 남성에게는 매우 낯선 풍경이었다. 멜란히톤은 매우 자상한 네 자녀의 아버지이자 경건하고 신실한 남편으로서 종교개혁으로 시작된 근대 가장의 한 면모를 보여준 것이다. 물론, 다른 종교개혁자들의 가정생활 역시도 이러한 멜란히톤의 모습과 크게 다르지 않았다. 분명히, 종교개혁자들의 가정생활은 전혀 새로운 풍경이었고, 성경적 가르침 속에서 가정생활이 어떻게 영위되어야 하는가를 실천적으로 보여준 최

초의 사례들이었다.

성직자의 결혼은 사회와 국가적인 면에서도 크게 공헌한 것이 사실이다. 먼저, 다양한 연구에 의하면 종교개혁 이후 2세기 동안 성직자 독신제도와 금욕주의가 폐지된데 힘입어 유럽 인구가 천만 명에서 천오백만 명까지 증가되었다고 보고되었다.[28] 그리고 개신교 성직자 가정에서 교회와 사회에 배출한 인재들의 비율 역시도 매우 높았는데, 그들은 각 영역들에서 변혁을 이끌며 빛된 삶을 살았다.

이러한 이해 속에서 유명한 교회사가 필립 샤프는 종교개혁자들의 결혼과 관련하여 그 의미를 다음과 같이 표현했다:

"로마 카톨릭 교회나 러시아 정교회의 사제들은 성직자 답지못한 행실로 손가락질을 당할지라도 오직 자신의 직위를 내세워 권위를 행사한다. 하지만 개신교 목사는 인격에 따라서 세워지기도 하고 넘어지기도 하는데, 모든 개신교 국가에서 목사는 기독교인으로서, 신사로서, 남편과 아버지로서 존경을 받고 있다.

이 사실이 의미하는 바는 성직자 독신제도를 철폐한 종교개혁자들의 지혜를 가장 뚜렷이 입증해 주는 증거라는 것이다."[29]

  결론적으로, 종교개혁자들의 결혼을 통해서 새롭게 인식된 것은 여성의 지위이다. 가정과 교회-사회적인 면에서 여성의 직무가 과거와 비교할 때 크게 변화된 것은 없지만, 그러나 여성이 남성의 돕는 자요, 교회와 사회의 핵심적인 구성원으로서 반드시 필요하다는 인식이 새롭게 생겨난 것이다. 종교개혁자들은 초기 중세로부터 여성에게 씌여져 있었던 '오직 남자에게 절대순종해야 하는 하와의 후예'라는 굴레를 신학적으로 벗겨주었다. 그리고 만인제사장론에 근거하여 여성도 남성과 동일하게 존중받아야 할 하나님의 자녀라는 지위를 공적으로 천명한 것이다. 종교개혁자들의 아내 존중과 가정생활은 동일한 신앙정신을 가진 일반 가장들과 가정들의 모범이 되었고, 유럽 전역에서 여성의 인식에 대한 새로운 전기를 맞게 하는데 기여했다.

3
종교개혁자들이 말하는 결혼생활

종교개혁을 통해서 여성, 결혼 그리고 부부관계에 대한 인식이 새롭게 정립되었다. 종교개혁 당시에는 매우 중요한 관심사였지만, 지금까지 많이 연구되지 않는 주제이기도 하다. 12세기에 결혼이 '성례'로 규정된 이후에 로마 카톨릭 교회 안에서 결혼에 관한 책들이 많이 쓰여졌다. 하지만 기독교 윤리적인 면에서 큰 도움은 되지 않았다. 면죄부 판매와 관련하여 가정의 무질서와 성적인 죄는 중세 후기에 매우 보편적으로 발생되었기 때문이다. 더욱이, 사제의 독신제도는 로마 카톨릭 교회 안에서 더 이상 통제될 수 없는 문제로 발전했다. 종교개혁 당시 유럽 사제들의 80%가 가정을 이루고 있었거나 내연관계에 있었기 때문이다.

이러한 상황 속에서 종교개혁자들은 가정의 질서, 성적인 건전성 그리고 사제의 독신제도에 대한 폐해 등을 새롭게 규정하기 위해 성경의 가르침에 근거한 결혼생활에 대해 많은 관심을 기울였다. 성례로 규정한 결혼을 주장하는 로마 카톨릭 교회와 근본적으로 차이가 있는 새로운 입장을 정립한 것이다. 그럼 교황주의자들과 종교개혁자들 사이에 결혼에 대한 근본적인 차이점은 무엇일까? "성례로 규정된 결혼과 관련하여 취소될 수 없는 것에 대한 거절"에 있었다. 즉, 성례로서 결혼이 거절되었고, 성례로 규정된 것 때문에 이혼할 수 없는 것이 거절되었으며 그리고 사제의 독신제도가 거절되었다. 더 이상 결혼은 구원과 관계된 성례가 아니고, 합법적인 이유로 이혼을 할 수 있으며 그리고 사제가 자유롭게 가정을 이룰 수 있게 된 것이다.

많은 종교개혁자들이 결혼에 대한 주제를 다른 신학적인 주제들과 함께 혹은 독립적인 저술로 큰 관심을 보였다. 이 결혼에 대한 주제를 매우 구체적으로 다룬 인물은 대표적으로 마틴 부처와 하인리히 불링거를 생각할 수 있다.

1) 마틴 부처

부처는 결혼을 이렇게 규정했다: "결혼은 천국에서 제정된 하나님의 사역과 축복이다." 그는 1522년 31살에 자신보다 8살이 많은 전직 수녀인 엘리자베스 실버아이젠(Elisabeth Silberreisen)과 결혼했다. 종교개혁에 입문한 시점에 가정을 이룬 것인데 공식적으로 루터와 쯔빙글리보다도 빠르다. 그녀가 죽은 이후에 부처는 비브란디스 로젠블랏과 다시 가정을 이루었다.

부처는 독일 개신교 동맹군이 패배한 슈말칼덴 전쟁의 결과로 1549년에 아우구스부르크 잠정안(Augsburger Interim)으로 인하여 스트라스부르크에서 추방을 당했다. 그리고 토마스 크렌머(Tomas Cranmer)의 요청으로 가족과 함께 영국으로 이주했다. 그곳에서 2년 동안 살면서 캠브리지 대학교 왕립교수로 활동했다. 특별히, 부처는 1550년에 영국 교회와 사회의 개혁적인 방향성 설정을 위한 큰 청사진으로서 『그리스도의 왕국론』[30]을 저술하여 에드워드 6세에게 헌정했다. 이 책은 영국 교회와 사회에 대한 진단과 함께 정치, 종교, 경제, 사회 등에 대한 구체적인 개혁의 내용을 제시한 것이다. 이 저술에서 개혁의 한 내용으로서 기독교 결혼생활에 대한 이해가 매우 구체적으로 확인된다.

마틴 부처 초상화(출처: 위키백과)

『그리스도 왕국론』은 구조적으로 서론과 결론을 제

외하고 제1권 1-15장과 제2권 1-60장으로 구분된다. 제1권은 신학적인 이론이 설명되어 있고, 제2권은 그 이론에 근거한 실천적인 방법들과 수단들이 설명되어 있다. 우리가 살피고 있는 결혼생활에 대한 이해는 제2권 15-47장에서 확인된다. 부처는 매우 구체적으로, 어떻게 보면 너무 지루한 정도로 방대하게 결혼 전반에 대한 내용을 다루었다.

『그리스도 왕국론』에서 부처는 결혼을 다른 종교개혁자들과 마찬가지로 언약적인 관점에서 규정했다. 국가적으로도 매우 중요한 문제라는 사실도 각인시킨다:

> "결혼은 그리스도의 뜻에 따라 계약되고, 존중되어야 하며, 정당한 이유 없이 해체될 수 없다는 사실은 기독교 왕국의 덕과 복지를 위해 얼마나 중요한지 모른다."[31]

이 때문에 부처는 교회와 정부의 협력 속에서 결혼생활이 거룩하게 유지될 수 있도록 돕는 관리감독의 체계가 필요하다고 강조했다:

"... 각 교회에 개별적으로 남편들이 그들의 아내에게 온전한 인도자로 또 수호자로 보여 주고 있는지, 그들의 아내를 진실한 사랑으로 보호하고 아끼며 사랑하고 도움을 주며 살아가고 있는지 그리고 특히 그들의 아내에게 인생의 편의를 제공하고 있는지를 살피고 조사하는 직책을 가진 중요하고 신앙이 깊은 사람들을 임명해야 한다. 그들은 아내들이 그녀들의 남편에게 진실하게 순종하고, 그를 돕기 위해 노력을 하며, 특히 모든 경건의 사항에서 그렇게 하는지 그리고 삶의 다른 활동들에서도 그렇게 하는지를 살펴야 한다."[32]

부처의 부부관계에 대한 이해와 관련하여 특별히 주목되는 점이 있다. 그 당시에 종교개혁자들이 생각하는 것보다도 많은 이혼 사유를 제시한 것이다. 부처는 이혼 사유로 다른 종교개혁자들과 마찬가지로 가장 먼저 간통을 언급했다. 매우 흥미로운 것은 간통한 사람을 사형으로 다스려야 한다고 주장한 사실이다. 그리고 부처는 성경의 여러 본문의 해석에 근거하여 다양한 이혼 사유를 밝혔다: 불신자의 요구에 따른 이혼, 서로에 대해 애정과 책임을 다하지 않는 것, 사법적인 판결을 받은 죄악들, 가정폭력, 결혼의 의무를 이행하지 않는 무관심 등도 분명한 이혼 사유에 속한다는 것이다. 신랑과 신부가 서로를 존경하여 맺어진 결혼관계가 어떤 이유로든 정상적으로 유지되지 않을 때 이혼이 가능하다고 지적했다. 그래서 부처는 이혼을 인정하는 한 기준으로 다음과 같은 증언을 남겼다:

"참된 부부간의 사랑과 함께 그의 아내를 사랑하는 마음을 가지고 있지 않는 남편은 그의 아내가 다른 사람과 결혼할 수 있도록 놔줄 수 있어야 한다."[33]

정리하면, 부처가 결혼에 대해 특별하게 관심을 가진 이유는 무엇일까? 단순히 종교개혁 이래로 새롭게 대두된 기독교 가정의 건전성만을 고려한 것이 아니다. 결혼은 지극히 사적인 영역이지만, 그러나 남녀 구성원으로 이루어진 한 가정을 교회와 국가의 기초로 인식했기 때문이다. 결혼생활이 무질서하면 교회와 국가도 무질서해 진다는 것을 주목시킨 것이다. 그래서 부처는 결혼을 통해 만들어진 가정의 중요성이 공공생활과 얼마나 밀접하게 연결되어 있는가를 이

렇게 밝혔다:

"모든 시민들이 태어나는 가정에서부터 삶의 순결과 거룩함을 찾을 수 없다면 공공생활에서도 이러한 것들을 찾을 수 없을 것이다. 그러나 이것을 이루기 위해서 현명하고 명예로운 삶을 사랑하는 어떤 사람도 군주들과 국가의 통치자들이 지극히 신중함으로 또 법적인 형벌로 간음의 유혹들을 금지할 뿐만 아니라, 또한 모든 유행하는 정욕에 대한 범죄들을 진압하고 또 남자와 여자 사이의 모든 불법적인 연합을 통제해야 한다는 점을 거부하지는 않을 것이다."[34]

2) 하인리히 불링거

불링거는 1540년에 『기독교 가정생활』[35]을 출판했다. 하지만 그는 이미 1525년부터 이 주제에 대해 관심을 가지고 있었다. 막스 로젠(Marx Rosen)에게 보낸 편지, 카펠 수도원에서 학생들을 가르치기 위해 히브리서를 해설한 주석, 안나 아들리쉬빌러에게 보낸 편지 등에서 확인되고 있다. 즉, 불링거의 결혼에 대한 주제는 오랜 동안 숙고되어 정리되었다는 사실이다.

불링거는 1539년 12월 8일에 샹 갈렌(St. Gallen)의 종교개혁자인 요하킴 바디안(Joachim Vadian)에게 한 통의 편지를 받았다. 여기에서 바디안은 불링거에게 기독교 가정생활에 대한 글이 필요하다는 것을 밝혔다. 동료 목회자들, 시민들 그리고 독일어권의 많은 개신교 신자들이 기독교 가정생활에 대한 성경적인 이해를 가지고 싶어 한다는 것이다. 그래서 이 주제에 대해 글을 써 줄 것을 정중히 요청했다. 중세 초기에서부터 잘못 이해된 기독교 결혼생활을 바르게 개선할 수 있는 글이 시급했기 때문이다. 불링거 역시도 종교개혁 당시 풍속의 무질서와 관련하여 남녀관계에 대해 관심을 갖지 않을 수 없었다. 기독교 결혼생활에 대한 주제를 통해서 결혼과 관련된 모든 무질서를 제거하길 기대했다. 취리히에서뿐만 아니라 종교개혁이 발생된 모든 지역들 안에서 성경적인 가치에 근거하여 결혼이 이루어지고, 기독교 가정들이 새롭게 회복되기를 원했던 것이다. 결과적으로, 불링거는 바디안의 요청과 당시 시대적인 요구 속에서 『기독교 가정생활』을 저술했다. 결혼에 대한 무질서를 주님의 가르침에 근거하여 바로 세우고, 신자들로 하여금 성경적인 가정의 규범에 근거하여 가정생활을 하도록 계도하기

하인리히 불링거 초상화(출처: 위키백과)

위함이었다.

『기독교 가정생활』은 서론과 함께 전체 25장으로 구성되어 있다. 내용적으로 크게 두 부분으로 나뉜다: 한편으로, 1-14장까지 결혼과 가정생활과 관련된 기독교 윤리를 구체적으로 다루고 있다. 다른 한편으로, 15-25장까지 결혼과 가정생활에 대한 실천적인 지침을 자세히 제시하고 있다. 불링거는 첫 번째 부분에서 기독교 가정생활의 윤리문제를 다룰 때 가장 먼저 창세기 2장 18-24절에 대한 주석과 함께 기독교 결혼의 기원과 가치에 대해 설명한다. 특별히, 2장 "결혼은 무엇인가?"에 정리된 결혼에 대한 정의를 살펴볼 필요가 있다:

"결혼은 ... 때때로 법적인 의미로 사용되었으며, 때때로 협정적인 의미로 사용되었다. 그래서 결혼은 하나님이 구약 백성과 신약 백성에게 주신 그리고 하나님과 두 시대의 백성들과 체결한 언약에 기초한 규범과 관련이 있다. ... 그러므로 결혼은 언약이며, 협정이자 연합이다. … 정리하면 … 결혼은 서로의 동의와 함께 이루어진 남자와 여자의 연합이고, 하나님으로부터 기원한 것이다. 그리고 결혼은 합법적이고, 하나님을 기쁘시게 하며, 서로가 친절하고 정직하게 서로를 의지하며 살려는 목적과 함께 서로에게 도움이 되는 것이다. 이 뿐만 아니라, 결혼은 서로를 격려하고, 타락을 예방하며 그리고 자녀들을 양육하는 것이다. … 결혼은 하나님의 말씀에 근거하여 그리고 서로의 동의와 함께 서로 연합하는 남자와 여자의 부부관계인데, 즉 죽는 날까지 함께 하는 것이며 그리고 모든 일들에 대해 온전히 결속되어 있는 자세로 자녀를 낳고, 부도덕을 예방하고, 하나님의 뜻에 근거하여 서로를 도우며 그리고 외로움을 예방하기 위해 서로를 의지하며 사는 것이다."[36]

그 밖에 대표적으로 불링거는 신자와 불신자의 결혼을 어떻게 생각해야 하는지, 부모가 반대하는 결혼에 대해 자녀는 어떤 자세를 가져야 하는지, 결혼하지 않아야 할 친족의 경계는 어디까지인지(4촌까지), 독신이 왜 잘못된 것이지, 성적인 타락이 무엇인지 … 신랑과 신부를 어떻게 선택해야 하는지, 결혼의 악습이 무엇인지, 결혼식이 어떻게 이루어져야 하는지, 자녀를 어떻게 교육해야 하는지, 여자 아이들을 어떻게 양육되어야 하는지, 장신구와 옷을 어떻게 활용해야 하는지 등을 자세히 설명하고 있다. 한 실례로, 불링거는 여자 아이들에 대한 교육을 미래의 남편과 가족을 잘 섬길 수 있도록 준비하는 목적과 연결시켰다.

끝으로, 불링거는 마지막 장에서 이혼에 대해 다루었다. 합법적인 이혼을 '약(Arznei)'으로 규정하며 필요하다는 것을 밝혔다. 다른 종교개혁자들과 마찬가지로 간통, 이혼을 요구하는 쪽의 불신앙, 성적인 무관심과 성불구(Impotenz), 살인이나 독살 같은 심각한 범죄를 행했을 때, 도움을 받을 수 없는 폭력 아래 있을 때 등과 관련하여서 이혼의 가능성을 설명했다. 물론, 불링거는 재혼에 대한 가능성도 잊지 않았다. 이혼한 사람은 굴욕적으로 사는 사람이 아니라는 것을 밝히면서, 만약 재혼이 허락되지 않으면 강제적으로 부도덕을 행하게 하는 것과 같다고 강조했다.

『기독교 가정생활』은 독일어로 세 번 출판되었다: 1540년, 1548년 그리고 1579년. 영국에서는 영어로 번역되어 두 번 출판되었다: 1541년과 1571년. 이 저술은 당시 기독교 가정을 세우는데 많은 영향을 주었다.

4
종교개혁자들의 아내

모든 종교개혁자들은 부유하지 않았으며 재물을 탐하는 데서 거리가 멀었다. 그들은 숭고한 경계에서 살았으며, 세상의 헛된 부귀와 영화를 경시했다. 종교개혁자들은 평생을 함께 할 여성에 대해서도 미모나 물질적인 요소보다는 오직 신앙, 도덕적인 면모 그리고 가정을 잘 섬길 수 있는 덕성에 관심을 두었다. 종교개혁자들에게 있어서 아내를 선택한 기준은 다양한 기록들을 종합할 때 크게 두 가지로 요약된다: 먼저,

종교개혁 사상에 근거한 신앙을 소유했는가에 대한 여부였다. 대표적인 실례로, 여기에서도 확인될 비브란디스 로젠블랏이 첫 남편의 사망 이후에 세 종교개혁자들(외콜람파디, 카피토 그리고 부처)과 계속적으로 가정을 이룬 것은 그녀의 신앙과 그에 따른 헌신적인 삶과 결코 무관하지 않았다. 다음으로, 종교개혁과 관련하여 필연적으로 따를 수 밖에 없는 삶의 무게를 함께 감당해 줄 수 있는가에 주목했다. 평안과 행복보다는 수고와 고난이 예견된 길을 서로 격려하며 묵묵히 걸어줄 동반자를 찾았다.

종교개혁자들의 아내들은 여성과 결혼생활에 대한 새로운 존엄성을 부여받은 첫 세대이다. 물론, 표면적으로 그녀들이 다른 여성들과 비교할 때 삶의 역할에 있어서 크게 달라진 점은 없었다. 남편이 집 밖에서 교회, 신학, 정치 등에 관심을 쏟았다고 하면, 아내는 오직 집 안에서 가정을 돌보고, 찾아오는 손님을 접대하며, 주변에서 고난받고 있는 사람들을 돌보는 일에 헌신해야만 했기 때문이다. 하지만 이러한 역할의 구별은 더 이상 하와의 타락에 근거한 책임과 연결된 것은 아니었다. 종교개혁자들의 아내들은 교회 지도자로서 남편들이 추구했던 신앙과 삶의 가치를 온전히 존중했으며, 그 가치 속에서 가정을 돌보고 이웃을 섬기는 삶을 살아던 것이다. 그녀들은 종교개혁 사상에 절대적으로 부합된 가정을 자신들의 삶으로 모든 사람들에게 비추는 거울과 같았다.

1) 카타리나 보라

마틴 루터는 자신의 과감한 아내 카타리나 보라를 자주 사랑스러운 어조로 "나의 주인 케테(mein Herr Käthe)"[37]라고 불렀다. 그녀는 글을 쓰고, 설교하고, 가르치는 일에 파묻혀 사는 남편의 바쁜 일상을 완벽하게 챙겼다. 남편을 찾아온 교수, 목회자, 학생, 평신도 혹은 여행객 등의 수 많은 손님들을 접대하였고, 그들 사이에 열린 토론에도 적극적으로 참여하기도 했다. 이러한 가정생활과 함께 카타리나는 종교개혁자들의 아내들 중에서 가장 분주하면서도, 큰 행복을 누렸던 여인이었다.

카타리나는 1494년 1월 29일에 독일 라이프찌히(Leipzig) 근교의 굿 리펜도르프(Gut Lippendorf)에서 태

카타리나 보라 초상화(출처: 위키백과)

어났다. 그녀는 아버지에 의해서 1504년 말에 브레나(Brehna)에 있는 베네딕트 수녀원에 교육을 위해 맡겨졌다.[38] 그리고 1509년에 그리마(Grimma)에 위치한 님브쉔(Nimbschen) 수녀원으로 이주했다. 이곳에서 카타리나는 독일어뿐만 아니라, 어느 정도 수준의 라틴어를 읽고 쓰는 것을 학습했다. 그 밖에 노래하는 것과 농장을 경영하는 것에 대해서도 배웠다. 그녀는 1515년에 수녀가 되는 것을 서약했다. 종교개혁의 논의가 공론화되었을 때 카타리나는 수도원 생활에 관해 비판한 루터의 글을 읽고 1523년 4월 4일 부활절 밤에 다른 8명의 수녀들과 함께 수녀원을 도망쳐 나왔다. 이 시기뿐만 아니라 이후 생활에서도 그녀들은 루터에게서 많은 도움을 받았다. 다른 수녀들은 루터의 노력에 의해서 가정을 이룰 수 있었다. 이러한 상황 속에서 여러 일들이 있었음에도 불구하고[39] 카타리나는 1525년 6월 13일에 루터와 성대한 결혼식을 올렸다. 이때 루터의 나이는 42살이었다. 흥미로운 사실은 두 사람의 결혼을 위해 카타리나가 먼저 청혼을 했다는 점이다. 당시 사회에서 여성의 청혼은 획기적인 일이었다. 그녀는 관습과 제도를 두려워하지 않고 자신의 생각을 솔직히 표현한 것이다. 이 때문에 카타리나는 독일에서 여성해방의 선구자로 알려져 있다.

당시 두 사람의 결혼은 매우 중요한 의미를 지닌 것이었다. 종교개혁 이후에 로마 카톨릭 교회의 금지된 결혼이 아닌, 개혁된 교회의 합법적인 결혼으로 독신 철폐에 대한 상징성을 지니고 있었기 때문이다. 루터의 정적들은 사제였던 남자와 수녀였던 여자가 결혼을 하면 적그리스도를 낳을 것이라고 비방하기도 했다. 카타리나는 외모적으로 그렇게 매력적이지는 않았지만 신앙과 인품에 있어서 성숙한 여인이었다. 그녀는 가정사에 너무도 적극적이고 독립적이어서 때때로 자신의 남편을 매우 당황스럽게 만들었을 때도 있었다. 이와 관련하여 루터가 다음과 같은 언급을 한 적이 있다:

"당신은 당신 마음대로 나를 주관하는군요. 그렇다면 가정의 모든 일에 대해 내가 가장으로서의 권한을 유보하고 당신에게 전권을 부여할 테니 한번 해보시오. 본디 여자가 남자를 다스리려 하는 데서는 유익이 나오지 못하는 법이요."[40]

그렇다고 해도 카타리나의 열심 때문에 루터의 가정은 안정적이었다. 루터에게 자신의 아내는 '가장 귀한고 사랑스러운 창조물'이자 '프랑스나 베니스와도 바꿀 수 없는 존재'였다.[41] 두 사람 사이에서 여섯 자녀들(한스, 엘리자베스, 막달레나, 마틴, 파울, 마가레테)이 태어났다. 첫째 딸 엘리자베스가 여덟 달도 채우지 못하고 죽었을 때 루터와 카타리나의 슬픔은 대단히 컸다. 루터는 "이 아이에 대한 슬픔이 저를 너무 압도해 놀랍

게도 제 심장은 크게 상처를 입어 거의 여자 같은 심장이 되었습니다. … 전에는 아버지의 가슴이 자녀를 향해 이렇게도 여린 마음이 될 수 있다는 것을 몰랐습니다"라고 탄식했다.[42] 둘째 딸 막달레나가 13살 나이로 죽었을 때도 두 사람은 크게 상심했다. 특히 루터는 깊은 슬픔에 잠긴 카타리나를 위로하기 무척 애를 썼다고 한다. 그 이후로 두 사람은 남은 자녀들을 잃지 않기 위해 모든 노력을 다했다. 모든 자녀들은 "채찍 옆에 사과를 놓아야 한다"는 루터의 교육철학에 근거하여 양육되었다. 루터의 가정은 늘 유머, 시, 대화, 노래 등으로 활기가 넘쳐났다.

카타리나는 성실하고, 치밀했으며 또 지혜로운 여인이었다. 자녀 양육뿐만 아니라 남편의 사역과 관련된 가정의 분주함을 아무런 착오 없이 감당했다.[43] 그녀는 남편으로 하여금 경제 문제나 가사 문제로 근심하거나 시간을 낭비하지 않도록 최선을 다했다. 루터가 쭐스도르프(Züllsdorf) 지역에 있는 작은 농장을 구입했을 때, 카타리나는 그곳에 손수 과일나무들을 심었다. 양어장을 만들어서 가정 경제에 도움을 주기도 했다. 그녀는 신앙적으로도 열심이었다. 어떤 상황 속에서도 담대함을 잃지 않았다. 루터가 낙심할 때 다시 일어서도록 격려했다. 그의 사역이 지치지 않도록 위로했다. 카타리나는 루터로부터 풍성한 사랑을 받았다. 늘 사랑의 고백을 들을 수 있었으며, 여러 가지 애칭으로 불려졌다: 앞서 언급한 '나의 주인 케테' 이외에 '손과 발을 사랑의 수고로 묶은 내 사랑하는 상냥한 아내 카타리나', '루터 여사', (농장 이름인) '쭐스도르프 두목', '돼지 시장 주인' (루터의 집 옆에 돼지 시장이 있었음) 등.[44]

루터가 1546년에 사망한 이후로 카타리나는 6년을 더 살았다. 그녀가 홀로 사는 동안 사람들은 루터의 가족을 거의 잊는 듯 했다. 경제적으로 넉넉지 않았으며, 루터에게 도움을 받았던 여러 사람들로부터 배신을 당하기도 했다.[45] 카타리나는 이 같은 어려운 사정을 1552년 1월 8일에 덴마크 크리스티안 3세(Christian III.)에게 보낸 편지에서 밝혔다:

"… 고인이 된 제 남편에게도 매년 하사금을 주셔서, 그 돈으로 가계를 꾸리고 아이들을 키우게 하셨던 것을 기억해 주십시오. … 너무나 비참한 처지에 놓여 다급한 마음에 폐하께서 이제는 모두에게 버림을 받은 가난한 과부가 쓴 보잘것없는 제 편지를 자비롭게 봐주시기를 바라면서 간곡한 부탁을 드립니다. … 제게 그 돈을 희사해 주실 것을 간곡히 청합니다."[46]

카타리나는 남은 생애는 알려져 있는 것이 많지 않다. 자녀를 돌보며 지냈으며, 경제적인 문제, 지인들의 냉대, 반복적으로 발생한 흑사병 등으로 어려움을 겪으며 살았다는 단편적인 삶만 그녀가 쓴 몇몇 편지들을 통해 확인될 뿐이다. 1552년 말에 비텐베르크(Wittenberg)에 흑사병이 돌았다. 카타리나는 토르가우(Torgau)로 피신을 가는 중에 마차 사고를 당했다. 그 뒤로 회복할 수 없을 정도로 폐렴이 악화되었다. 카타리나는 자신의 임종이 얼마 남지 않았다는 것을 알았다. 그녀는 "예수 그리스도를 믿는 믿음을 통해서 의롭게 되어 구원을 얻는다"는 선언을 했던 루터의 아내답게 다음과 같이 고백을 하며 눈을 감았다: "나는 외투에 달라붙은 식물의 잔가시처럼 그리스도에게 달라붙어 있을 것이다."[47] 남겨진 자녀들의 평안과 남편 루터에 의해 세워진 새로운 교회의 안녕을 기도하면서 1552년 12월 20일에 고달픈 생애를 마무리했다.

카타리나는 새로운 시대를 이끌어낸 위대한 종교개혁자의 아내답게 삶의 열정적 면모를 유감 없이 보여준 여인이었다.

2) 안나 라인하르트

안나 라인하르트는 스위스 취리히 종교개혁자 쯔빙글리의 아내이다. 그녀에 대해 알려진 것은 매우 단편적이다. 쯔빙글리의 저술에서도 자기 부인에 대한 기록을 찾기 힘들다. 안나는 1484년에 라인하르트(Reinhard)의 부유한 가정에서 태어났다. 매우 뛰어난 용모를 지닌 여인이었다. 그녀는 1504년에 처음 융커 한스 마이어 폰 크노나우(Junker Hans Meyer von Knonau)와 결혼하면서 취리히에 정착했다. 두 사람 사이에 3명의 자녀들이 태어났다: 1505년 마가레타(Margaretha), 1507년 아가테(Agathe) 그리고 1509년 게롤드(Gerold). 결혼하지 13년 후인 1517년에 안나의 첫번째 남편은 전쟁에 참가하여 크게 다쳐서 사망했다.

1519년부터 안나는 취리히 국민목사였던 쯔빙글리의 옆 집에서 살았다. 이 때문에 두 사람은 가까워질 수 있었다. 같은 해에 쯔빙글리가 페스트에 걸렸을 때 안나가 쯔빙글리를 돌보기도 했다. 이러한 과정 속에서 1522년부터 두 사람은 비밀리에 부부관계를 맺었다. 이때 쯔빙글리는 사제의 독신주의가 성경적으로 옳지 않다는 것을 공적으로 밝혔다. 취리히 교회가 속해 있는 콘스탄틴 교구의 주교에게 정욕에 시달리고 있는 사제들을 결혼시켜야 한다고 주장했다. 하지만 두 사람의 부부관계는 당시 여러 상황과 관련하여 아직 공식화될 수 없었다. 종교개혁이 진전되는 과정 속에서 사제의 결혼은 많은 오해를 살 수 있었기 때문이다. 쯔빙글리는 신중해야 했다. 하지만 취리히 재세례파들은 용기있게 결혼생활을 공개하지 않는 쯔빙글리를 비난했다. 안나도 자녀들 때문에 경제적인 도움을 받고 있는 첫번째 남편의 집안으로부터 눈총을 받았다. 쯔빙글리에게 결혼은 단순한 사생활이 아니라 로마 카톨릭 교회의 독신주의를 반대하는 신학적인 저항이자 정치적인 행위였다. 오랜 교회의 관습 속에서 모든 사람이 성직자의 결혼을 이해하는 분위기도 아니였다. 쯔빙글리는 종교개혁이 좌초되지 않도록 하기 위해 여러 상황을 살피면서 가장 적절한 시기에 자신의 결혼을 공론화시키길 원했던 것이다.

안나 라인하르트 초상화(출처: 위키백과)

결과적으로, 안나와 쯔빙글리는 1524년 4월 2일에 결혼을 했다. 이 사건 이후에 취리히에서는 풍속과 결혼에 관한 법률이 새롭게 제정되었다. 결혼에 대한 성례의 색체를 없애고, 새로운 결혼 예식을 제시했으며, 가정생활과 이혼문제 등을 규정했다. 안나와 쯔빙글리 사이에 네 명의 아이가 태어났다: 1524년 레귤라

(Regula), 1526년 빌헬름(Wilhelm), 1528년 홀드리히(Huldrich) 그리고 1530년 안나(Anna). 불행하게도 막내딸 안나는 태어난 해에 사망했다.

안나는 쯔빙글리가 취리히 종교개혁을 시작하고 이끄는 모든 과정을 지켜봤다. 남편을 조용히 내조하며 자녀들을 양육하는데 관심을 기울렸다. 가정사로 인하여 대의(大義)가 손상되지 않도록 최선을 다했다. 특별히, 쯔빙글리가 취리히 성경을 번역할 때 안나는 늘 곁에서 온전히 집중할 수 있도록 수발들었다. 남편을 찾아오는 손님들을 접대하고, 가정을 개방하여 많은 사람들을 위로했다. 국민목사의 아내로서 취리히에 있는 가난한 사람들을 돌보는 일에도 소홀히 하지 않았다. 그래서 쯔빙글리는 안나를 "천사 아내"라고 불렀다.

쯔빙글리는 1531년 10월 11일 두번째 카펠(Kappel) 전쟁에서 비극적으로 사망했다. 이 전쟁에서 안나는 큰 아들, 첫째 사위, 오빠, 형부도 함께 잃었다. 그녀는 다시 과부가 되었다. 안나는 쯔빙글리의 후계자로서 취리히 교회의 수석목사로 새롭게 선출된 불링거의 가족과 함께 살았다. 쯔빙글리는 가족들에게 남긴 재산이 거의 없었다. 불링거가 안나와 그녀의 자녀들을 위해 새로운 울타리가 되어 주었다. 그 가족이 경제적으로 큰 문제 없이 생활하고 교육받을 수 있도록 배려했다. 마틴 부처도 그녀를 도운 것으로 알려져 있다.

두 번째 카펠 전쟁에 참가하기 전에 안나와 쯔빙글리는 기도하면서 서로를 위로했다고 한다. 안나는 남편이 전쟁에서 돌아오지 못할 수도 있다는 것을 알았다. 그리고 그녀는 전쟁터로 향하는 쯔빙글리를 다음과 같이 격려했다: "주님의 뜻이 있으면 다시 만날 것입니다. 그분의 뜻이 이루어질 것입니다. 그래서 당신이 돌아올 때는 무엇을 가지고 오길 원합니까?" 쯔빙글리가 안나에게 마지막으로 남긴 대답은 "어둠 후에 축복"이었다.[48] 전쟁의 패배 소식이 전해졌을 때 취리히에서는 끔찍한 통곡 소리가 들렸다고 한다. 온 도시가 큰 슬픔에 잠겼다. 안나는 끝까지 슬픔을 밖으로 드러내지 않았다. '하나님의 뜻'을 생각하며 인내했다. 그리고 가족을 잃고 슬퍼하는 다른 여인들을 찾아가서 위로했다. 안나는 여러 비극적인 사건을 겪으면서도 좌절하지 않는 강한 여성이었다.

쯔빙글리 사망 이후에 안나는 교회가는 것을 제외하고 조용히 집에서만 일상을 보냈다. 그리고 죽기 전까지 수년간 아팠다. 불링거는 1538년 12월 6일 날짜가 쓰여진 일기장에 안나의 마지막 모습을 이렇게 남겼다:

"나는 더 이상 삶의 행복한 결말을 원치 않는다. 그녀는 온화한 빛처럼 부드럽게 죽음을 맞이했다. 그녀는 주님께 돌아갔다. 그녀는 그곳에서 예배드리고 또 우리 모두를 하나님께 의뢰할 것이다."[49]

안나는 개신교 여성, 특히 개신교 목사의 아내에 대한 전형적인 모범을 우리에게 그려주고 있다.

3) 이들레트 드 브레

1538년에 제네바에서 쫓겨난 칼빈은 마틴 부처의 권유 속에서 스트라스부르크에 정착했다. 그곳의 바쁜 일상 속에서 칼빈은 혼자 생활하는 피로감을 느꼈다. 주변 사람들의 결혼에 대한 독촉도 싫지 않았다. 당시 관습에 따라서 동료들이 칼빈의 신부감을 찾는 일을 도왔는데, 그는 부처의 권면 속에서[50] 1540년 8월 17일에 이들레트 드 브레와 결혼을 했다.

칼빈이 선택한 이들레트는 어떤 여성이었을까? 칼빈이 스트라스부르크에서 1539년 5월 19일에 기욤 파렐(G. Farel)에게 보낸 서신에서 자신이 생각하는 여성상에 대해 이렇게 밝혔다:

> "결혼에 관하여 …… 나는 여성의 외모에 유혹을 당하고, 또한 그러한 행실을 흠모하는 어리석은 구애자가 아닙니다. 나를 유혹할 수 있는 유일한 훌륭한 여성은 정숙하고, 남을 친절하게 대하며, 교만하지 않고, 검약하며, 인내하고, 희망하기는 나의 건강을 보살펴줄 수 있는 여인입니다."[51]

그럼 이들레트는 칼빈의 이상형이었을까? 사실 언제 태어났는지도 모를 정도로 이들레트에 대한 기록도 많지 않다.[52] 그녀는 현재 화란의 동쪽에 위치한 헤데르란트(Gelderland)에서 태어났고, 첫번째 남편은 재

이들레트 드 브레 초상화(출처: 위키백과)

세례파였던 장 스토되르(Jean Stordeurs)였다. 그녀의 남편은 이미 1537년 제네바에서 열린 재세례파논쟁에서 칼빈을 만난 적이 있었다. 이들레트 가족은 1538년에 신앙의 자유를 위해서 다른 재세례파 사람들과 함께 스트라스부르크로 이주해 왔다. 다음 해에 그녀의 가족은 칼빈의 도움 속에서 개혁주의 신앙으로 개종했다. 하지만 불행히도 그녀의 남편은 1540년 초에 흑사병으로 세상을 떠났다. 이들레트와 그녀의 두 자녀만 낯선 땅에 남겨졌다. 칼빈은 이 가족을 누구보다도 잘 알고 있었다. 그냥 외면할 수 없었다. 그는 다른 사람들에 의해 많은 여인들이 결혼상대로 추천되었지만 정중히 거절했다. 결국, 부처의 권면 속에서 이들레트와 가정을 이루었다. 칼빈의 전기를 쓴 베자(Theodore Beza)가 이들레트를 "훌륭한 성품을 지닌 경건한 부인"[53]으로 소개한 것처럼, 그녀는 칼빈에게 건강을 빼고는 앞서 언급된 조건에 거의 부합하는 여성이었다.[54] 두 사람 사이에서 1542년 7월 28일에 아들이 태어났지만 건강 때문에 오래 살지 못했다.[55] 이들레트는 건강한 여인이 아니었다. 출산 이후에 건강을 회복하지 못하고 오랫동안 병석에 눕게 되었다. 그리고 끝내 병을 이기지 못했다. 이들레트는 죽기 몇 시간 전에 다음과 같은 고백을 남겼다:

"오 영광스러운 부활이여! 아브라함과 우리 모든 선조의 하나님, 이제까지 지나온 많은 세기 동안 믿는 자들이 당신을 신뢰해 왔고, 그 가운데 어느 누구도

헛되게 믿지 않았습니다. 저 역시도 당신을 온전히 신뢰합니다."[56]

그녀는 1549년 3월 29일에 칼빈이 지켜보는 가운데 조용히 눈을 감았다.

분명히, 이들레트는 칼빈의 고달픈 삶에 잠시 동안 큰 위로와 기쁨이었다. 칼빈이 파렐과 피에르 비레에게 보낸 서신들을 통해서 살필 때, 이들레트의 죽음은 칼빈에게 큰 충격과 슬픔이었다.[57] 그녀는 칼빈에게 인생의 가장 좋은 동반자였다. 힘든 망명생활과 가난한 삶도 함께 나누었을 뿐만 아니라 죽음도 함께 나눌 수 있는 신실한 동역자였다.[58] 이들레트는 매우 배려가 깊은 여인이었다. 그녀가 병 중에 있을 때에도 남편에게 큰 방해가 되지 않도록 행동했다. 자신의 연약함이 짐이 되지 않도록 사소한 것에도 마음을 썼다. 결혼할 때부터 칼빈을 '하나님께 맡겨진 사람'으로 인정했기 때문이다. 물론, 두 사람은 이렇게 믿음과 사역으로만 묶이지는 않았다. 서로에게 깊은 내적인 애정도 확인된다. 이들레트의 죽음으로 인한 극도의 슬픔과 비통함을 극복하기 위해 칼빈은 의도적으로 자신의 사역에 더 집중했다. 그는 그녀의 마지막 염려였던 '두 아들'에 대해서도 내 핏줄처럼 잘 돌보겠노라고 약속했다. 그녀의 간절한 소원은 남겨진 두 아들이 경건하고 거룩한 삶을 사는 것이었기 때문이다.[59] 그녀의 죽음 이후에 칼빈이 마지막 날까지 홀로 산 것 역시도 두 사람의 애정관계를 확인시켜 준다. 이들레트는 죽어가는 고통의 순간에도 남편의 잔잔한 기도 소리를 들을 수 있었다.[60] 그녀는 그리스도의 은혜, 영원한 생명의 소망, 결혼생활, 죽음 등에 대해 기도하는 칼빈의 슬픔이 담긴 목소리를 들으며 조용히 눈을 감았다.

이들레트는 칼빈과 결혼 후 겨우 9년 정도 밖에 살지 못했다. 비록 짧은 시간이었지만, 그녀는 아내로서 남편을 존경하고 최선을 다했다. 남편의 사랑도 충분히 받았다. 칼빈의 가정은 부부의 성향으로 진지하고 조용했으나 늘 화목했으며 잔잔한 행복이 넘쳤다. 칼빈과 이들레트의 부부관계는 감각적이고 물질화된 시대 속에서 성도의 결혼생활이 어떠해야 하는가를 깊이 생각하도록 한다.

4) 비브란디스 로젠블랏

종교개혁 시대를 가장 극적으로 살았던 여성이 비브란디스 로젠블랏이다. 그녀는 흑사병이 창궐한 시대에 아내, 어머니 그리고 미망인으로 가족들의 탄생과 죽음을 온 몸으로 감당하며 인고의 세월을 보냈다. 그녀의 파란만장한 결혼생활과 관련하여 '종교개혁자들의 여인'으로도 불리어졌다. 비브란디스의 삶은 신앙을 가진 여성의 위대함을 엿보게 한다.

비브란디스 로젠블랏 초상화(출처: 위키백과)

비브란디스는 1504년에 아버지 한스 로젠블랏(Hans Rosenblatt)의 고향인 독일 남부의 바덴-뷔어템베르그(Baden-Württemberg) 선재후국에 속한 소도시 젝킹언(Säckingen)에서 출생했다. 그녀의 아버지는 황제군의 기사로 거의 집 밖에서 생활했다. 자녀들의 교육이나 집안 일에 아무런 관심이 없었다. 이 때문에 어머니 막달레나 스트룹(Magdalena Strub)은 자녀들과 함께 그녀의 고향인 스위스 바젤로 이주하여 생활했다.[61] 이곳에서 자란 비브란디스는 20살이 되던 해(1524)에 인문주의자인 루드비히 켈러(Ludwig Keller)와 가정을 이루었다. 다음 해에 딸이 태어났지만, 남편 켈러는 사랑스러운 딸(비브란디스)과 일년 정도 밖에 살지 못하고 사망했다. 젊은 미망인은 주의 사람들의 권유 속에서 1528년 3월 28일에 재혼을 했다. 그녀의 새로운 신랑은 스위스 바젤의 종교개혁자 요한 외콜람파디(Johan Oekolampad)였다. 그는 45세의 독신생활을 청산하면서 비브란디스와 함께 행복한 가정을 꾸렸다. 하지만 두 사람의 인연도 길지 못했다. 외콜람파디는 세 자녀(유세비우스, 이레네, 아레테이아)를 남기고 1531년 11월 23일에 눈을 감았다.[62] 비브란디스는 1532년 4월 11일에 외콜람파디가 눈을 감은 거의 같은 시기에 아내를 잃은 스트라스부르크의 종교개혁자 볼프강 카피토(Wolfgang Capito)와 세번째 결혼식을 올렸다. 두 종교개혁자들의 동료였던 마틴 부처의 소개로 만남이 이루어진 것이다.[63] 카피토와 비브란디스 사이에서 다섯 자녀(아그네스, 도로테아, 시몬, 이레네, 크리스토프)가 태어났지만, 그들의 행복도 그리 오래가지 못했다. 1541년 유럽 전역에 흑사병이 창궐했을 때[64] 카피토와 세 자녀(유세비우스, 도로테아, 크리스토프)가 목숨을 잃었기 때문이다. 깊은 슬픔에 머물러 있던 비브란디스에게 다시 한번 결혼의 기회가 주어졌다. 1542년에 흑사병으로 아내를 잃은 부처와 가정을 이룬 것이다. 새로운 가정에 두 자녀(마틴, 엘리자베스)가 태어났지만, 첫째 아이는 태어난지 얼마되지 않아서 죽었다. 부처는 가족들과 함께 1549년에 스트라스부르크를 떠나 에드워드 6세 치하의 영국 켐브리지로 건너갔다. 이 낯선 땅에서도 비브란디스에게 비극은 끝나지 않았다. 1551년 2월 28일에 남편 부처가 힘든 타지 생활을 견디지 못하고 눈을 감은 것이다. 그녀는 남은 자녀들과 함께 1553년에 다시 고향 바젤로 돌아왔다. 그곳에서 비브란디스는 가족을 돌보며 조용한 여생을 보냈다. 1564년에 흑사병으로 고난의 삶을 뒤로 하고 영원한 안식에 들어

갔다.⁶⁵

비브란디스의 삶이 우리에게 보여주는 것은 어떤 여성도 원치 않는 고달픈 풍경이다. 그녀는 네 남자의 아내로 살면서 27년 동안 11명의 자녀를 낳았다. 네 남편과 몇몇 자녀들은 그녀보다도 먼저 세상을 등졌다. 남아있는 것은 자녀들과 미래가 보이지 않는 삶의 불확실성이었다. 하지만 비브란디스는 죽는 순간까지 인내하며 존귀한 삶의 자태를 잃지 않았다.

비브란디스의 생애와 관련하여 한 가지 흥미로운 질문을 할 수 있다. 외콜람파디, 카피토, 부처 같은 종교개혁자들이 비브란디스를 아내로 맞아들이는 것을 왜 기뻐했을까? 그들은 신앙의 일치와 가정을 위한 헌신에 있어서 비브란디스를 가장 적합한 여성으로 인정했기 때문이다. 그녀는 당시 인문주의적인 배경에서 라틴어를 알거나 신학적인 대화를 나눌 수 있는 '박사 아내'(uxor docta)는 아니었다. 하지만 신앙정신에 근거하여 남편의 분주한 사역에 아무런 지장이 없도록 많은 자녀들을 돌보고, 늘 손님들로 들끓었던 가정을 위해 충성스럽게 섬겼던 성숙한 가정주부였다.⁶⁶

한 실례로, 부처는 1548년에 작성한 유언장에서 아내 비브란디스에게 자신과 자녀들을 위해 온 정성을 쏟은 것에 대해 감사를 표명했다.[67] 이 뿐만 아니라, 비브란디스의 남편들이 그녀의 온순하고 겸손한 성격에 대해서도 칭찬한 점을 볼 때, 그녀가 자신의 남편들에게 매우 순종적인 삶을 살았다는 것도 알 수 있다.[68]

비브란디스의 삶은 하나님을 믿는 사람의 품위를 확인시켜 준다. 네 남자들의 여인으로 고단한 인생을 살았지만, 그녀는 어떤 상황 속에서도 종교개혁자의 아내이자 한 신실한 성도로서 삶의 정체성을 잃지 않았다. 비브란디스의 생애는 우리에게 고단한 삶을 넘어서 신앙을 가진 삶이 무엇인가를 전형적으로 보여주고 있다.

5) 안나 아드리슈빌러

진심으로 환영합니다.
당신은 나의 고귀한 미덕이며
탐스러운 열매입니다.
나의 가장 사랑스러운 여인

나의 여왕이여!
당신이 보여준 온전한 사랑은
나의 마음을 진심으로 위로해 주는
너무도 소중한 것입니다.

당신은 나의 위로이자
나의 친구요 방패이며
내 마음의 항구입니다.
나는 오직 당신만을 사랑하며
이제 나는 오직 당신의 것입니다.
당신은 어느 누구도 의식하지 말며
우리의 사랑이 항상 생동할 수 있도록
오직 나만을 바라보아야 합니다.

지금 내가 당신 곁에 있을 때
나의 행복은 가장 충만합니다.
지금 나는 어떤 후회함도 없으며
어떤 다른 요구나 소망도 없습니다.
내가 그토록 소망했던
가장 사랑스러운 보물인
당신을 소유했기 때문입니다.

안나 아들리슈빌러(출처: 위키백과)

 이 시(詩)는 취리히 종교개혁자 하인리히 불링거가 결혼을 할 때 신부인 안나 아드리슈빌러를 위해 낭송해 준 것이다.[69] 이 송가가 말해 주듯이 안나는 종교개혁자들의 아내들 중에서 현대와 비교해서도 단연 돋보인 낭만적인 연애를 통해 결혼식을 올렸다. 취리히 종교개혁이 시작된 이후에 새로운 신앙을 받아들이고 수녀의 길을 포기한 안나는 불링거로부터 무려 30

여 장의 연애편지를 받았다. 그녀는 다음과 같은 불링거의 청원고백을 읽을 수 있었다:

> "영혼과 마음을 담아서 … 당신은 내가 (결혼하기로) 결심한 오직 유일한 여성입니다. 당신이 나에게 왜 지정되었는지는 오직 하나님만 아시며, 오직 나의 선택은 당신의 언행에 근거하고 있습니다. 그래서 나는 이 시간에 당신이 하나님를 경외하는 여인이기를, 내가 당신과 함께 사랑과 고난에 동참하며 그리고 모든 하나님의 뜻 가운데서 살고 싶다는 것을 마음에 그려보았습니다."[70]

안나는 자신의 생애 속에서 1541년 흑사병과 병으로 인한 자녀들(요한네스, 디에텔름, 펠릭스)의 죽음으로 깊은 슬픔에 잠길 때도 있었지만, 1564년에 그녀가 흑사병으로 생을 마감할 때까지 종교개혁 시대에 가장 이상적인 가정생활을 경험했던 행복한 여인이었다.

안나는 1504년 스위스 취리히에서 태어났다. 아버지 한스 아드리슈빌러(Hans Adlischwyler)는 그녀가 8살 때 죽었다. 그녀의 병약한 어머니는 매우 독실한 신자였는데 외동 딸이 수녀가 되는 것을 소원했다. 도미니카 수도회의 수녀가 된 안나는 1525년 취리히 종교개혁이 시의회에 의해서 공적으로 인준된 이래로 폐쇄된 취리히 외텐바흐(Oetenbach) 수녀원에서 1527년까지 거주하고 있었다.[71] 수녀원이 폐쇄되고, 그녀의 어머니도 살아계셨음에도 불구하고 왜 안나가 그곳에 여전히 머물렀는지는 알 수 없다. 그녀가 불링거를 처음 만난 시점은 1527년 7월 중이다. 하지만 두 사람이 어떻게 또 어디서 처음 만나게 되었는지는 전혀 알려져 있지 않다. 1527년 7월은 카펠 수도원에서 교사로 봉사하고 있었던 불링거가 휴가를 얻어 취리히에서 쯔빙글리 아래서 신학을 공부하고 있던 기간이었다. 안나는 불링거로부터 장문의 연애편지를 받았다. 그의 간곡한 청원이 그녀의 마음을 흔들었다. 안나는 불링거를 조심스럽게 살폈다. 그는 사제가 아닌 종교개혁 사상으로 무장한 건강한 사람이었다. 사람들에게 평판이 좋았으며 학문적으로도 유능한 실력을 가진 인물이었다. 결국, 불링거의 청원에 대한 안나의 대답은 오래 지체되지 않았다. 두 사람은 1527년 10월 29일에 약혼을 했다. 당시 중매인을 통해서 결혼이 성사되었던 관행에 비추어 볼 때 두 사람의 관계는 파격적인 것이었다.[72] 불링거와 안나는 제1차 카펠(Ka-ppel) 전쟁이 끝난 직후인 1529년 8월 17일에 취리히에서 결혼식을 올렸다. 두 사람 사이에서 모두 다섯 명의 여자 아이들(안나, 마가레타, 엘리자벧, 베리타스, 도로테아)과 여섯 명의 남자 아이들(하인리히, 요한 루돌프, 크리스토프, 요한네스, 디에텔름, 펠릭스)이 태어났다. 안나가 살아있는 동안 앞서 언급된 세 자녀가 목숨을 잃었지만, 그녀의 가정은 행복했으며 매우 안정적이었다. 대가족과 남편 불링거를 방문한 수많은 손님들로 인하여 분주했지만 늘 대화와 즐거움이 넘쳤다.

1564-5년은 안나와 그녀의 가족들에게 가장 비극적인 시간이었다. 1564년에 또다시 흑사병이 창궐하게 되었을 때, 그녀뿐만 아니라 두째 딸(마가레타)과 태어난지 4일 된 손자(베른하르트)도 이 죽음의 그림자를 피할 수 없었다. 1565년에는 이 병이 큰 딸(안나)과 세째 딸(엘리자벧)을 가족과 영원히 이별시켰다. 1564년 9월 25일에 안나는 남편 불링거가 지켜보는 가운데 영원한 안식에 들어갔다. 불링거는 그때를 자신의 일기장에 이렇게 정리하고 있다:

"그 다음 날 밤에 그 병은 내가 진심으로 사랑하는 아내 안나 안나를 불러갔다. 그녀는 9일 동안 병으로 누워 있었는데, 깊은 신뢰로 하나님께 간구했지만, 그러나 병상 위에서 9일째 되던 날 숨을 거두었다. 이 일은 9월 25일 월요일 정오 12시에 발생했다. 그녀는 같은 달 26일인 다음 날 낮 12시에 모든 도시로부터 온 많은 사람들과 명망이 있고 존경을 받은 사람들의 화려한 환송 가운데서 존귀하게 묘지에 안장되었다."[73]

취리히 교회의 의장이었던 불링거의 과도한 사역은 안나의 후원 없이 생각할 수 없었다. 그녀는 자신의 가족들뿐만 아니라 시부모와 쯔빙글리의 미망인 안나 라인하르트[74]와 자녀들도 한 지붕 안에서 보살폈다. 그녀는 대가족을 위한 큰 살림을 꾸리면서 자녀들을 교육시키고, 교회의 업무들과 근심들을 함께 나누며 남편을 보조하였다. 다양한 지역에서 방문한 수 많은 손님들을 위해 집도 자유롭게 개방했다. 그들은 취리히의 교회 사역자들과 저명인사들을 포함해서 학생들, 신앙난민들 그리고 전유럽으로부터 온 신학자들과 목회자들이었다. 이러한 안나의 가정을 위한 헌신적인 삶과 관련하여 세째 사위 요시아 심러(Josias

Simler)은 자신의 장모를 '가족의 신실한 수호자'(fida custos familiae)로 칭한 바 있다.[75] 하지만 가정을 위한 그녀의 헌신은 단순히 가정주부와 어머니로서 자연적인 역할에만 근거한 것이 아니다. 무엇보다도, 그녀의 신앙적인 동기에 근거한 '개혁주의 성도의 가정'이라는 새로운 가치 속에서 발현된 것이기도 하다.[76] 이 가치는 불링거가 쓴 《기독교 가정생활》에서 제시된 가정에 대한 이상과 맞물려 있다.[77] 이 책은 앞서 밝힌 대로 결혼의 성경적인 근거를 제시하면서, 특히 배우자 선택, 결혼식, 성관계, 가정을 돌보는 일, 자녀교육, 이혼 등에 관한 많은 실천적인 조언들을 담고 있다. 불링거에게 결혼은 하나님의 뜻에 근거한 것이고, 사람이 사랑과 공동체적인 삶을 실현할 수 있는 장소이다. 당연히, 자녀는 성취된 결혼이 맺어낸 열매이다. 안나는 불링거와 함께 이러한 가정을 함께 만들어 갈 수 있었던 이상적인 배우자였다.

안나가 죽은 이후에 불링거에게 그녀를 대신할 수 있는 다른 여성은 상상되지 않았다. 많은 사람들의 권유에도 불구하고 불링거는 자신의 마음 안에 여전히 그녀가 살아있고, 그녀에 대한 많은 추억들이 간직되어 있기에 죽는 날까지 홀로 살았다.[78] 안나의 삶은 우리에게 기독교 가정 안에서 여성의 역할이 얼마나 중요한가를 그려주고 있다.

정리하며

이 글에 소개된 모든 여인들에게서 삶의 고달픔이 느껴지는 것이 사실이다. 하지만 그녀들은 자신의 고달픈 삶을 의미 없는 것으로 여겼을까? 아닐 것이다.

제인 그레이 초상화(출처: 위키백과)

여기에 소개는 되지 않았지만, 종교개혁 시대에 역사상 가장 짧은 왕위에 올랐던 비운의 영국 여왕 제인 그레이(Jane Grey)의 신앙고백은 당시 종교개혁의 신앙을 가진 모든 여인들을 대변해 준다고 할 것이다. '피의 메리'라는 별명을 가지고 있는 메리 튜더(Maru Tudor)가 왕위를 차지했을 때 제인은 16살의 가냘픈 소녀였다. 왕위에 오른지 겨우 9일만에 폐위되고 죄인의 신분으로 단두대에서 순교해야만 했다. 신앙을 개종하면 살려주겠다는 메리 여왕의 권유에도 불구하고, 제인은 다음의 신앙고백을 하며 목숨을 구걸하지 않았다:

> "나는 여기에서 참된 그리스도인 여인으로 죽음을 맞이합니다. 그리고 다른 어떤 수단도 아닌 오직 그리스도의 피로만 구원받을 수 있음을 믿습니다."[79]

이렇듯이 종교개혁 당시 빛처럼 살아간 모든 여성들과 개혁자들의 아내들도 '그리스도인 여인'으로 오직 은혜로 구원받은 감사와 감격 속에서 자신들의 고달픈 삶을 감당한 것이다. 그녀들은 역사의 중심에 설 수 없었지만 자신들이 속한 삶의 영역에서 진리를 사랑하며 주님의 나라와 교회를 위해서 헌신했다. 그녀들이 종교개혁의 역사적 현장 속에서 정치적인 행적으로든, 저술이나 서신으로든 혹은 가족이라는 이름으로든 풍성한 신앙의 유산을 남긴 것이 사실이다. 그것은 로마 카톨릭 교회로부터 개혁된 교회, 가정 그리고 사회를 형성하는데 큰 공헌이 되었다.

특별히, 어떤 종교개혁자들도 아내들의 희생적 내조 없이 자신의 막중한 직무를 감당할 수 없었다. 이러한 면에서 종교개혁의 유산에는 여성들의 몫이 포함되어 있다. 물론, 오늘날도 여성은 교회 안에서 수적으로나 역할에 있어서나 매주 중요한 존재이다. 여성들의 눈물어린 기도와 헌신 없이 한국 교회는 이렇게까지 성장하지 못했다. 이 땅 위에 서있는 교회를 위해 순종적 삶을 살아가고 있는 여성들은 여전히 이 시대의 빛이다. 성경을 하나님의 말씀으로 믿고, 그 말씀에 따라서 진리와 하나님의 나라를 위해 수고하는 여성들로 인하여 앞으로도 가정, 교회 그리고 사회는 더욱 밝고 아름다워질 것이다. 우리는 종교개혁 시대를 빛으로 살아간 여성들처럼 오늘날도 빛으로 살아가고 있는 여성들을 잊지 않아야 한다. 그녀들의 빛난 삶을 우리의 후손들에게도 잊지 않도록 해야 할 것이다.

각 주

1. 잔 달브레(1528-1572)는 스페인과 프랑스 사이에 있는 작은 군주국 나바라(Navarra)의 왕이었던 아버지 앙리(Heinrich) II가 1555년에 사망했을 때 그 왕위를 계승하여 여왕이 되었다. 그녀는 칼빈주의자로 자신의 나라를 개신교 지역으로 만들었다. 이 때문에 나바라는 프랑스의 핍박받는 개신교도(위그노)들에게 피난처와 안식처가 되었다. 여왕 달브레는 프랑스에서도 위그노들의 영구적 정착을 위해 노력했다. 그 일환으로 그녀는 아들 앙리 IV를 프랑스 왕가에 결혼을 시켜서 프랑스 왕위를 계승(1589-1710)할 수 있도록 계획했다. 하지만 그녀는 프랑스에서 자신의 꿈을 이루지 못하고 눈을 감았다. 앙리 IV가 결혼하기 두 달 전인 1572년 6월 7일에 결핵으로 사망했기 때문이다. 물론, 더 비참한 사실은 같은 해 8월 18일에 열린 앙리 VI의 결혼식 이후에 프랑스 왕비 카타리나 폰 메디치(Katharina von Medici)에 의해서 위그노들에 대한 대(大) 학살이 자행된 것이다: 1572년 8월 23일 성 바톨로메 축일을 깃점으로 파리에서만 2천여 명의 위그노들이 죽었고, 프랑스 전역에서 3만여 명 정도의 위그노들이 무참히 살해되었다. 앙리 IV는 로마 카톨릭 신앙을 받아드리는 조건으로 목숨을 부지했고, 1589년에 프랑스 왕위를 계승할 수 있었다. 그는 1598년에 위그노들에 대한 관용령인 낭트칙령(1598)을 공포하였다.
2. Edith Ennen, "Das späte Mittelalter(1250-1500)" in Die Frauen im Mittelalter, (München, 1999), 134-231.
3. 중세시대의 결혼 방식은 세 가지 형태였다: 먼저, 남편이 부인에 대한 합법적인 지배권을 가진 결혼이다. 다음으로, 남녀간의 사랑으로 이루어진 결혼인데, 하지만 남편은 부인에 대한 지배권을

가질 수 없다. 당연히, 부인 역시도 합법적인 결혼으로 얻게 되는 권리를 가질 수 없다. 아이가 태어나도 상속권을 가질 수가 없었다. 그래서 프리델결혼은 정략적으로 결혼한 정실부인 옆에 진심으로 사랑하는 여인을 정부로 드리는 결혼을 의미한다. 마지막으로, 중세 초기에 등장한 결혼의 형태로 영주(주인)와 종 사이에 혹은 자유인과 비자유인 사이에 이루어진 결혼이다. 신분이 높은 사람이 신분이 낮은 사람과 결혼하는 것이다.

4. 양태자, 중세의 뒷골목 풍경, (서울: 이랑, 2012), 98.
5. '보호결혼'은 오직 장자의 결혼에만 큰 관심을 두었다. 당시 장자 이외에 다른 아들들은 집안이정말 부유하지 않으면 가정을 이루는 것이 쉽지 않았다. 장자의 결혼은 너무도 많은 비용이 들기 때문에 다른 아들들이 결혼하는 것은 집안의 재산을 거덜낼 수 있었기 때문이다. 그래서 다른 아들들은 결혼 시키지 않고 수도원에 보내는 경우가 많았다. 그렇지 않으면 돈 많은 귀족의 딸과 결혼을 시켜서 사돈집 덕을 보길 원했다.
6. 양태자, 중세의 뒷골목 풍경, 116.
7. 양태자, 중세의 뒷골목 사람, 117.
8. 참고: Ardis Butterfield, England and France. In: Peter Brown(Ed), 2009. A Companion to Medieval English Literature and Culture c.1350–c.1500. Wiley-Blackwell. Part IV: Encounters with Other Cultures, 199–214.
9. Sunanna Burghartz, "Rechte Lungfrauen oder unverschämte Töchter? Zur weiblichen Ehre im 16. Jahrhundert", in Frauengeschichte – Geschlechtergeschichte, (Campus Verlag, 1992), 181f.
10. 마틴 루터, 『탁상담화』, 이길상 옮김, (서울: 크리스챤다이제스트, 2005), 419.
11. Sunanna Burghartz, "Jungfräulichkeit oder Reinheit? – Zur Änderung von Argumentationsmustern vor dem Baseler Ehegericht im 16. und 17. Jahrhundert", in Dynamik der Tradition, ed.

Richard van Dülmen, (Fischer, 1992), 13.

12. Sunanna Burghartz, "Zwischen Integration und Ausgrenzung: Zur Dialektik reformierter Ehetheologie am Beispieln Heinrich Bullinger", in L'HOMME - Zeitschrift für Feministische Geschichtswissenschaft, (Wien, 1997), 30f.

13. Ursula Hess, "Lateinischer Dialog und gelehrte Partnerschaft: Frauen als humanistische Leitbilder in Deutschland (1500-1550)", in Deutsche Litertur von Frauen, Bd. 1, ed. Gisela Brinker-Gabler, (München, 1988), 113-148.

14. 참고: Silke Halbach, Argula von Grumbach als Verfasserin reformatorischer Flugschriften, Europäische Hochschulschriften Rihe XXIII Theologie, Vol. 486, (Frankfurter am Main, 1992).

15. 참고: Elsie Anne McKee, "Katharina Schütz Zell", in The Life Thought of a Sixteenth-Century Reformer, (Leiden, 1999).

16. Peter Matheson, Argula von Grumbach. A Wommen's Voise in the Reformation, (Edinburg: T&T Clark, 1995), 145. 1523년에 그룸바흐가 팔츠 행정관인 자신의 사촌 아담 폰 텔링(Adem von Thering)에게 보낸 편지 내용이다.

17. Albrecht Classen, "Footnites to the Canon: Maria von Wolkenstein and Argula von Grumbach", in The Politics of Gender in Early Modern Europe, (Sixteenth Century Essays and Studies, vol. 12), 131-148.

18. Elsie A. MeKee, ed. Katharina Schütz Zell, The Writing: A Critical Edition, Studies in Medieval and Reformation Thought 69, vol. 2, (Leiden, Boston and Köln: Brill, 1999), 77.

19. 루터, 「탁상담화」 432: "아우크스부르크의 주교 성 울리히(St. Ulrich)는 로마에 닥친 두려운 일을 전했습니다. 성직자 독신제도를 확립한 교황 그레고리우스가 수녀들을 동원하여 로마의 양어장을 청소하게 했습니다. 물을 다 퍼내자 바닥에 영아들의 해

골이 6천 개나 나왔습니다. 강용된 독신제도의 결과란 이런 것입니다. 충격을 받은 그레고리우스는 독신제도를 폐지했으나, 후임 교황들이 다시 그 제도를 확립했습니다. 우리 시대의 예를 말씀드리자면, 오스트리아 니오이베르크에 수녀원이 있는데, 수녀들의 문란한 행실로 인하여 수녀들이 다른 곳으로 쫓겨 가게 되었습니다. 그 자리에 프란체스코 수사들이 들어오게 되었습니다. 수사들이 거물을 증축하고자 건물을 허물고 터를 파게 되었는데, 그 과정에서 커다란 단지 12개가 나왔습니다. 단지들에는 영아들의 시체가 들어 있었습니다. 이런 여성들을 라리 결혼하도록 허락했다면 그토록 무고한 생명이 희생되는 일은 없었을 것입니다."

20. 토마스 카우프만, 종교개혁의 역사, 황정욱 옮김, (서울: 길, 2017), 191.
21. 에두아르트 푹스,「풍속의 역사 II: 르네상스」이기욱 외 1인 옮김, (서울: 까치, 1995), 245.
22. 각주 4번 참고.
23. 푹스,「풍속의 역사 II: 르네상스」247f.
24. 필립 샤프,「독일 종교개혁」박종숙 옮김, (서울: 크리스챤다이제스트, 2004), 384.
25. Burghartz, "Zwischen Integration und Ausgrenzung: Zur Dialektik reformierter Ehetheologie am Beispieln Heinrich Bullinger", 31f.
26. 샤프,「독일 종교개혁」386.
27. Carl Schmidt, Philipp Melanchthon, (Elberfeld, 1861), 712.
28. 샤프,「독일 종교개혁」389.
29. 샤프,「독일 종교개혁」392.
30. 원본: Martinus Bucerus, De Regno Christi, Basel 1557. 그리고 한국어 번역본: 마틴 부처, 그리스도의 왕국론, 최윤배 옮김, 기독교고전총서 17 (멜란히톤과 부처), 서울: 두란노, 2011 (이하, 그리스도 왕국론).

31. 『그리스도 왕국론』 407.
32. 『그리스도 왕국론』 419.
33. John Milton, Judgement of Martin Bucer, London 1644. "... he who could not induce his mind to love his Wife with a true conjugal love, might dismiss her that she might marry to another." 이 책은 존 밀톤이 부처의 『그리스도 왕국론』에 기록된 결혼에 대한 규정과 관련된 부분을 발췌하여 번역한 부분을 출판한 것이다. 이 책은 출판된 이유는 밀톤이 결혼을 한지 얼마 되지 않아서 친정으로 가버린 자신의 아내와 이혼을 하기 위해 합법적인 증거로 사용하려는데 있었다. 영어와 한국어 번역에는 22-46장까지 내용이 빠져있다.
34. 『그리스도 왕국론』 426.
35. Heinrich Bullinger, Der christliche Ehestand, in Heinrich Bullinger Schriften, ed. Emidio Campi, Detlef Roth & Peter Stotz, Bd. I, (Zürich, 2004), 417-575.
36. Der christliche Ehestand, 433-434.
37. 케테(Käthe)는 카타리나(Katharina)의 애칭이다. (지용원, 『말틴 루터: 생애와 사상』 (서울: 컨콜디아사, 1994 / 4판), 182.
38. Martin Luthers Werke, Kritische Gesamtausgabe, Briefwechsel, 6. Band, (Weimar, 1935), Nr. 1879, 219.
39. 카타리나는 루터 이외에 몇 번의 혼사 이야기가 오갔지만, 성사되지는 못했다. 그녀는 일반 사람 보다는 루터를 염두한 종교개혁자와 결혼하기를 원했는데, 그 당시 루터 역시도 그녀에게 마음이 없었던 것이 아니었다. 결국, 루터는 1524년 5월 4일에 마인츠 추기경 알브레히트의 고문인 뤼헬 박사(Dr. Rühel)에게 "마귀의 비난을 감수하고서라도 죽기 전에 사랑하는 카타리나를 아내로 맞이하고 싶다"는 심경을 밝히면서, 사제들의 결혼을 독려하고 교구를 국가에 환원시킬 것을 권유했다. (샤프, 『독일 종교개혁』 368.)

40. 루터, 『탁상담화』, 422.
41. 지용원, 『말틴 루터: 생애와 사상』, 182.
42. 카르시 스티예르나, 여성과 종교개혁, 박경수 외 1명 옮김, (서울: 대한기독교서회, 2013), 119.
43. Hans Mayer, Martin Luther: Leben und Graube, (Gütersloh, 1982), 248.
44. 샤프, 『독일 종교개혁』, 370f.
45. 스티븐 니콜스, 『세상을 바꾼 종교개혁 이야기』, 이용중 옮김, (서울: 부흥과 개혁사, 2012), 198.
46. 스티예르나, 여성과 종교개혁, 133.
47. Rudolf K. Markwald & Marilynn Morris Markwald, Katharina Von Bora: A Reformation Life, (St. Louis, 2002), 193.
48. James Good, Famous Women of the Reformed Church, (Birmingham, AL: Solid Ground Christian Books, 2007, facsimile of 1901 edition), 14-15.
49. Good, Famous Women of the Reformed Church, 16.
50. Ioannis Calvini, Opera quae supersunt omnia, ed. W. Baum, E. Cunitz und E. Reuss, XX, Braunschweig 1863-1900, 20 (이하 CO.): "Il y eut aussi de ce nombre un nommé Iean Stordeur natif du Liege, lequel estant decedé de peste à Strasbourg, quelque temps apres il print sa vefve à femme, nommee Odillete ou bien Idellete de Bure, femme grave et honneste, (ce que il fit par le moyen et conseil de M. Bucer) et avec icelle a tousiours vescu paisiblement, iusqu'à ce que nostre Seigneur la retira à soy sans aucuns enfans, car combien qu'elle eut un fils de luy, il mourut incontinent.
51. CO. X. 172. 348: "De coniugio … … non enim sum ex insano amatorum genere, qui vitia etiam exosculantur, ubi semel forma capti sunt. Haec sola est quae me illectat pulchritudo, si pudica est, si morigera, si non fastuosa, si parca, si patiens, si spes est de mea

valetudine fore sollicitam."
52. 칼빈을 통하여서도 이드레트에 대한 정보는 거의 알려지지 않았다. 칼빈의 개인적인 성향과 관련하여 자신의 가족에 대해 알리는 것이 매우 소극적이었다. 그 이유를 신학자들은 칼빈의 병약함과 연개하여 이해한다. 칼빈은 늘 괴로움을 당하였던 지병들(위장병, 신경쇠약, 통풍 등)으로 인하여 가족과 누린 삶의 즐거움에 관심을 쓸 여유가 없었다는 것이다. (빌헬름 노이저, 『칼뱅』, 김성봉 옮김, (서울: 나누며 섬김, 2000), 90.)
53. 테오도르 베자, 『존 칼빈의 생애와 신앙』, 김동현 옮김, (서울: 목회자료사, 1999), 52.
54. Perter Opitz, Leben und Werk Johannes Calvins, (Göttingen, 2009), 65.
55. 칼빈은 자신의 친자가 없는 것에 자신의 대적자 발두이누스(Balduinus)를 통해서 비난 받기도 했다. 하지만 칼빈은 당당하게 "믿음의 세계에 수 많은 아들들이 있다"는 답변으로 그 대적자를 무색하게 만들었다. (CO. IX. 9, 576.) 그리고 칼빈의 친자와 관련하여 어떤 사람은 두 아이가 있었다고 말하고 있지만, 칼빈의 조카이자 그의 전기를 쓴 니콜라스 콜라동(Nicolas Colladon)은 그에게 오직 한 아이만 있었다고 밝히고 있다(CO. XXI. 61).
56. CO. XIII, 1171, 229 (칼빈이 1549년 4월 2일에 파렐에게 보낸 서신): "O resurrectio gloriosa! Deus Abraham et omnium patrum nostrorum, iam a tot saeculis in te sperarunt fideles, nemo frustratus est: ego quoque exspectabo."
57. CO. XIII, 1171, 228f과 CO. XIII, 1173, 230f (칼빈이 1549년 4월 7일에 피에레 빌레(Pierre Viret)에게 보낸 서신)을 참조하라.
58. CO. XIII, 1173, 230: "Privatus sum optima socia vitae: quae, si quid accidisset durius, non exsilii tantum ac inopiae voluntaria comes, sed mortis quoque futura erat. Quoad vixit, fida quidem ministerii mei adiutrix fuit."

59. CO. XIII, 1173, 231.
60. CO. XIII, 1171, 229: "Non potuit vocem ullam edere, signa ostendit animi commoti. Ego pauca loquutus de Christi gratia, de spe vitae aeternae, de vitae nostrae contubernio et de migratione, abdidi me ad precandum. Integra mente et preces audivit et attenta fuit ad doctrinam."
61. Roland H. Bainton, Frauen der Reformation. Von Katharina von Bora bis Anna Zwingli, (Gütersloh, 1995), 84-102.
62. 외콜람파디는 제네바에 있는 기욤 파렐(Guillaume Farel)에게 다음과 같은 편지를 한 적이 있다: "우리 부부가 오래도록 행복하게 해로할 수 있게 주님께 기도해 주게나." 스티븐 니콜스, 세상을 바꾼 종교개혁 이야기, 193에서 재인용.
63. Bernd Moeller, "Die Brautwerbung Matin Bucers für Wolfgang Capito. Zur Sozialgeschichte des evangelischen Pfarrerstandes", in Philologie als Kulturwissenschaft. Studien zur Literatur und Geschichte des Mittelalters, FSK. Stackmann, (Göttingen, 1987), 312.
64. 14세기에 흑사병이 크게 유럽 전역에 창궐한 이래로, 종교개혁 당시 1541, 1549 그리고 1564/65에도 그 병은 다시 대유행을 했었다. 이 시기에 여러 종교개혁자들과 그들의 가족들이 흑사병으로 목숨을 잃었다. 한 실례로, 취리히에서는 하인리히 불링거가 1541년에 한 아들이 그리고 1564년에 아내와 세 딸이 고통 속에서 죽는 것을 지켜봐야 했다. 흑사병은 유럽인들의 종교적인 사고에도 영향을 주어, 많은 사람들이 흑사병을 하나님의 역사 심판으로 생각하고 죄에 대해서 회개하고 바른 삶을 추구해야 함을 강조했다. Der Nachfolger. Heinrich Bullinger (1504-1575), Katalog zur Ausstellung im Grossmünster Zürich 2004, ed. Emidio Campi u.a., (Zürich, 2004), 130.
65. Susanna Burghatz, "Wibrandis Rosenblatt - Die Frau der Reforma-

toren", in Theologische Zeitschrift 60 (2004), 338.
66. Burghatz, "Wibrandis Rosenblatt - Die Frau der Reformatoren", 342f. Cf. "Briefe und Akten zum Leben Oekolampads", Zum vierhundertjährigen Jubiläum der Baseler. Reformation, ed. Ernst Staehelin, Bd.2: 1527-1593, (Leipzig, 1934), Nr. 989, 786.
67. "Briefe und Akten zum Leben Oekolamoads", Nr. 989, 787.
68. Burghatz, "Wibrandis Rosenblatt - Die Frau der Reformatoren", 347.
69. Patrik Müller, Heinrich Bullinger: Reformator, Kirchenpolitiker, Historiker, (Zürich, 2004), 30.
70. Heinrich Bullinger Werke, 2. Abt.: Briefwechsel 1, bearb. von Ulrich Gäbler u. a., (Zürich, 1973ff), Nr. 24, 13214-12: "Herz und Gemüt gesetzt ... Du allein bist die einzige, die ich mir vorgenommen habe. Gott weiss allein, ob du mir verordnet bist, und meine Wahl stützt sich auf dein Reden und Benehmen. So habe ich mir mit der Zeit vorgestellt, du seiest eine solche [Frau], in der Gottesfurcht und Zucht sei, mit dir ich in Liebe und Leid und in allem, was Gottes Willen ist, leben möchte."
71. Fritz Blanke, Heinrich Bullinger: Vater der reformierten Kirche, (Zürich, 1990), 73f.
72. Blanke, Heinrich Bullinger: Vater der reformierten Kirche, 75.
73. "Heinrich Bullingers Diarium (Annales vitae) der Jahre 1504-1574", Zum 400. Geburtstag Bullingers am 18. Juli 1904, Quellen zur Schweizerischen Reformationsgeschichte, ed. Emil Egli, Bd. II, (Basel, 1904), 777-17: "In der darauffolgenden Nacht befiel die Krankheit auch meine inniggeliebte Ehefrau Anna Adlyschwyler. Sie lag neun Tag im Krankenbett. Das geschah am Montag, dem 25. September um 12 mittags. Sie wurde tags darauf, am 26. Desselben Montags, um 12 ehrenvoll von einem prachtvollen Ge-

leitzug – viele Menschen, anständige und ehrenhafte Leute aus der ganzen Stadt – zu Graben getragen."
74. 첫번째 결혼에서 세 자녀를 두고 있었던 안나 라인하르트는 1524년 4월 2일에 쯔빙글리와 두번째 결혼을 했다. 두 사람 사이에 네 자녀가 태어났다. 그녀는 쯔빙글리가 죽은 이후에 7년을 더 살았다. 그녀는 1538년 12월 24일에 불링거 가족과 그녀의 자녀들이 지켜보는 가운데 눈을 감았다. (Edward J. Furcha, "Women in Zwingli's World", in Zwingliana XIX, (Zürich, 1992), 131-142.)
75. Fritz Büsser, Heinrich Bullinger (1504-1575), Leben, Werk und Wirkung, Bd. I, (Zürich, 2005), 77.
76. Müller, Heinrich Bullinger: Reformator, Kirchenpolitiker, Historiker, 42.
77. Heinrich Bullinger, "Der christliche Ehestand", in Heinrich Bullinger Schriften, ed. Emidio Campi, Detlef Roth & Peter Stotz, Bd. I, (Zürich, 2004), 417-575.
78. Büsser, Heinrich Bullinger (1504-1575), Leben, Werk und Wirkung, 77f.
79. Voices of the English Reformation, a Sourcebook, ed. John N. King, (Philadelphia, 2004), 324.